漫談で斬る！

自民党改憲案＝これが彼らの本音だ

小林康二

新日本出版社

はじめに

二〇一二年四月二七日、自民党は、憲法九条二項に「国防軍保持」を明記した憲法改正草案を発表し、続いて同年暮、第二次安倍内閣を発足させました。

私は、この動きに強い危機感を抱き、改憲草案の狙いを広く宣伝するために、急いで憲法漫談「これがアベさんの本音だ」を書きました。タイミング良く京都から私に公演の依頼があり、七三歳にして恥も外聞も捨て勇猛果敢に「憲法芸人」として初舞台を踏みました。

演じるごとに、「改憲案の本音が分かった」と好評を得て、公演回数は五〇回超に至りました。そこで、この漫談を冊子に纏《まと》めたいとの思いから、新日本出版社に相談し、今般の上梓となりました。

当初は、自民党改憲案を「批判する内容で」と考えましたが、それでは「少し変わった憲法解説書」に終わり、国民は誰でも幸せに生きる権利があるという「憲法の心」を伝えることは困難だと思いました。

あの大戦を生き延び、現憲法とともに戦後を生きた日本人の憲法に対する熱い思いを伝えるには、さまざまな角度から憲法を綴った拙文（第一章「組合運動からお笑いの世界へ」と第二章「これが笑工房のお笑いだ」）も加えた方が役に立つと考え、これらも収録しました。

さて、自民党が改憲草案を発表して以降、「秘密保護法」「朝日バッシング」「集団的自衛権」「戦争法」と続き、今国会では安倍首相が明文改憲を「私の在任中に（二〇一八年九月までに）成し遂げたい」と言い放ちました。

平和憲法が風雲急を告げ、改憲反対のたたかいも急を要しています。

そんな中、本書を手に「どこから……」と迷っておられる方は、第三章「漫談で斬る！自民党改憲案＝これが彼らの本音だ」からお読みくだされればと思います。それが「改正草案」の狙いを知る近道です。

私は、この漫談を「面白くて、分かり易い憲法解説書」の役割も担えるようにと考え、彼らが何を狙っているかをとことん調べ、バカバカしいセリフも真剣に、「ベタ」なギャグも大真面目に、三年の歳月を経て仕上げました。

皆さんに笑っていただければ幸いです。

最後に、本書がアベさんの「本音・本心・夢・願望」を阻むたたかいに、少しでもお役に立つ事が出来れば、こんなに嬉しいことはございません。
尚、この漫談につきましては、事前にご一報いただければ、どなたでも自由に演じていただいて結構です。

二〇一六年三月

小林康二

目次

第三章　漫談で斬る！　自民党改憲案＝これが彼らの本音だ……83

装画とイラスト　高宮信一

第一章　組合運動からお笑いの世界へ

なぜ、お笑いの世界に？

三一年間、労働組合一筋の私が、五五歳で組合専従職を勇退し、笑作家として演芸の世界に入って二一年。「全国に励ましの笑いを届ける」笑工房《しょうこうぼう》を設立して一八年。

「なぜ、組合運動から、お笑いの世界に？」とよく聞かれます。若い頃、私は文学を志しており、「文化力は大切だ」「組合運動にも笑を」と考えてきました。

それも「どついて笑い、いじめて笑わせる」吉本的お笑いではなく、寅さん、藤山寛美さん、チャップリンのような、人を励ます笑いをもう一度大阪から発信したいと、大阪シナリオ学校演芸台本コースに学び、そこで知り合った笑作家や芸人たちと笑工房を設立しました。

笑工房に着手したもう一つの理由は、「余生をいかに生きるか」です。

人間には平均寿命とは別に平均余命があります。

厚生労働省によると、例えば六〇歳男性の余命は平均二三年、女性は二八年。六五歳は男一九年、女二四年。七〇歳は男一五年、女一九年。八〇歳になると男八・五年、女一一年となっています。

我々の時代、定年は六〇歳ですから、定年後の余命は平均二三年。この二三年は生まれて成人式を迎えるよりまだ長い年月です。

昔から「終わり良ければすべてよし」と言われるように、この二三年を輝いて生きるか、それとも仕事以外にするべきことを知らずに定年を迎え、妻にまとわりついて「濡れ落ち葉」と軽蔑されて送るか、これは晩年の尊厳にかかわる問題です。

このような個人的発想から設立した笑工房ですが、学校、ＰＴＡ、労働組合、労働金庫等々から重宝され、公演総数は三〇〇〇回を超え、売り上げも目標の吉本興業に近づいています。吉本が年商約五〇〇億円、これに対し笑工房は約四九九億七〇〇〇万円だけ、売り増やせば吉本に並ぶところまで来ました。「あと一息だ」と頑張っています。

地域振興から虫歯予防まで

この一八年間、九人の作家で一〇〇本以上の作品を創ってきました。中には自治体から依頼された「地域振興落語」、歯科医師会の「虫歯予防落語」、商工会議所の「地域活性落語」、労働金庫からは「労金活用落語」、化粧品小売組合から「街の化粧品店が大変だ」の漫才等々、オーダーメイド作品だけでも二〇作近くになります。

しかし、いくら「良い作品が出来た」と思っても、時代の流れや各種団体の問題意識とのずれから、塩漬けになっている作品もたくさんあります。

こうした問題をくぐり抜け、生き残った教育・子育て、いじめ、学級崩壊、環境問題、組合、リストラ、失業、安全衛生、男女共同参画、近未来社会、医療破壊等々、笑工房にしかない笑作品が約六〇作。

芸人たちはこの作品で全国を駆け回っています。

憲法漫談で初舞台

笑工房代表の私も、芸人として全国を回っています。きっかけは二〇一三年四月。京都宝が池公園で開かれた「京都まつり」に、「芸人を頼む予算がないから、君が自民党の憲法改正草案を斬る漫談を」と頼まれました。

「義を見てせざるは勇無きなり」と、無謀にも七三歳で芸人としての初舞台を踏むことになりました。演目は「憲法漫談＝これがアベさんの本音だ」。

さっそく舞台衣装を購入すべく心斎橋《しんさいばし》の芸人衣装専門店「マッサン」に行き、阪神タイガースカラーの衣装を手に入れ（衣装代はギャラの七倍）、台本を創って必死に覚え、不安

八割自信二割で舞台に立ちました。幸か不幸かこの時はギャラが安く、責任感はまったくありませんでした。

　芸人の労働条件や権利に始まり、憲法前文を暗唱し、そこで誓った二つの決意を披瀝、それを具体化した九条の意義、そして「自民党憲法改正案」の危険な狙いを六〇分間語りました。最初は一〇人程度だった客席が瞬《またた》く間に立見の出る満員。優しいお客さんに助けられ拍手喝采《かっさい》で舞台をおりたのです。

「良い漫談に仕上がった。余生を憲法改悪反対芸人で……」、

「七三歳にしてお笑い芸人」「この人生、この充実感よ」と、親しい友と心ゆくまで杯を交わし、気分爽快《そうかい》の千鳥足で帰宅です。そのとたん「いつまで、飲み歩いているの、この酔っ払い」、いきなり妻に爆弾をあびせられ、美酒も充実感も吹っ飛びました。客は優しかったが、妻は残酷だったのです。

「だまされた」では済まない

私には五歳の長男をかしらに三人の孫がいます。孫たちを見ていると「生命は希望だ」と実感します。

と言うのも、私が長男と同じ五歳のとき、大阪は一九四五年三月~八月の間に八回の大空襲をうけ、約一万人が犠牲になりました。私も六月十五日第四回大空襲で街（西淀川区大和田町）も自宅も全焼しました。

母は一歳の弟を背に、私の手を強く握り、辺り一面が炎の中を必死で逃げ、神崎川《かんざきがわ》に飛び込んで我々は命を取り留めました。

翌日焼け野原と化した街を横目に我が家に戻りました。文字通り何も残っていません。ただ、空だけが異様なほど真っ青でした。

その後、宝塚に近い西宮市名塩《なじお》の農家の納屋に身を寄せましたが、とにかく食べるものが無く、四六時中お腹を空かせていました。

身を寄せた家の子どもが、茹《ゆ》で上がったジャガイモを美味しそうに頬ばっている。それを遠くで見ていた私は、彼らが去った後、その捨ててあるジャガイモの皮をひろって食べました。

ところが、それを母親に見つかった。母は「そんな、いやしい子どもに育てた覚えはない」と泣きながら、お尻をたたき続けました。その光景は七〇年後の今も忘れません。

少年期に私は「日本は、なぜあんな無謀な戦争をしたのか」と、何人もの大人に尋ねました。彼らは異口同音「軍部にだまされた」の答えです。

二〇一四年七月、安倍内閣は集団的自衛権が憲法違反ではないと容認し、翌年九月「安保法制」を可決し、憲法が定めた不戦の誓いを破ってアメリカと一緒に戦争をする国へと舵を切りました。

『敗北を抱きしめて』（岩波書店）の書で戦後の日本を描いてピュリッツァー賞に輝く歴史家ジョン・ダワー氏は、「朝日新聞」のインタビューに応えて、〝戦後の日本で私が最も称賛したいのは、下から湧き上った平和と民主主義を守り続けた力だ〟と話し、「憲法がひねり潰されそうになっている今、過去のように国民から大きな声が上がるかどうかが問題でしょう」と語ります（同紙二〇一五年八月四日付）。

孫たちに「我々はだまされた」では済まない。今、大人の責任が問われているんだ。そう考えて、私は自転車の前後のカゴに、「気いつけや、あんたの孫やで徴兵制」「違憲も、痴漢もアカン」のプレートを付けて走ることにしました。

「多少は手ごたえがあるかも」と思って始めたのですが、今のところ何の反応もありません。来る参院選挙は憲法が関ヶ原になります。それだけに、改憲勢力に鉄槌を下さねばなりません。だから、今度は子どもたちが誕生プレゼントにくれた新品の自転車にもプレートを取り付ける予定です。ピカピカの高級自転車です、今度は効果があるかも……。

娘婿の自死を無駄にせず

それは突然の訃報でした。二〇一三年一一月三〇日、東京出張中の携帯に「娘婿Tが死んだ、すぐ帰れ」のメール。「急病？」「事故？」の問いに携帯の向こうで、妻が号泣しながら「自殺だ」と言います。まったく予想外でした。

五年前、二女と所帯を持った仲睦まじい三九歳のTが、「なぜだ？」「どうして一言、相談を」と疑問と悔いが交錯し、「早く」「急いで」と焦るが、足がどうしても前に出ませんでした。

Tは高校卒業後、零細企業や非正規の仕事に就いてきました。その後、二女と結婚し夫婦で相談したことは「将来安心できる就職」。そのために、三五歳で理学療法士養成学校の夜間部に入学。成績は常にトップクラスで学級長も務め、あと四ヵ月後に卒業予定で就職先も内定していました。

ところが、実習先クリニックでハラスメントを受け、耐えきれずに実習中にクリニックを飛び出し、幼いころに遊んだ小高い山中で日の出の頃に縊死《いし》したのです。彼が通っていた養成校では五年間に二人目の自殺でした。

近年、若者の雇用環境が厳しい。一度「非正規」に就くと「正規」の再就職は至難です。それだけに、資格を取得して「正規就職を」と、入学金と授業料数百万円を工面し、「これが最後のチャンス」と、理学療法士養成学校に入学する三〇代の若者が増えています。そのような彼らにとって、卒業や就職の失敗は「絶望」を意味します。同校元教官も「こうした学校では、実習生の自殺や失踪が時々ある」と語っています。

Tは実習先で、いわれなき叱責、意図的な存在無視、衆人の面前での罵倒、さらに膨大なデイリー（宿題）に連日午前三時、四時まで追われ、心身疲労のメモを残して命を絶ったのです。

昨今、規制緩和や独立採算性が「正義」のように巷を闊歩しています。弱者には、「自助努力」「自己責任」が押し付けられ、力の弱い者が犠牲になるのが「当然」のような風潮が広がる一方、個々の人間を大切にする視点が社会から剥落《はくらく》しています。

これは明らかに、幸福を求める「国民の権利については最大の尊重を必要とする」と謳った憲法一三条の精神に反しています。

理学療法士の業界では、規制緩和後に利潤を求めて養成校が乱立し学生が急増しています。結果、学校は生徒の実習先確保に苦労しており、そのために実習先の資格・能力・経験を度外視した学生の派遣がおこなわれています。また、大量の新しい理学療法士が劣悪な労働条件で業界に参入し、ベテランの待遇が次第に引き下げられる等、さまざまな要因が重なって実習先のハラスメントが後を絶たない事態を生んでいます。

その現実を我々家族は突きつけられました。逃げるわけにはいきません。自死したTの恨みを晴らすだけでなく、ハラスメントを生み出している構造に光を当て、「犠牲者を出さないためには何が必要かを解明する」決意で裁判をたたかっています。

パリの本屋さん

ある日、妻と娘がパリを初旅行した感想を語ってくれました。パリでは街の辻々に、パン屋やケーキ屋、本屋があり、市場《いちば》の果物屋、肉屋、花屋等々の小売店が結構繁昌しているそうです。特に街には趣のある小さな本屋さんがたくさんあって、つい引き寄せられて孫への絵本を買ったと言います。

その娘がフランスに関する二つの記事を見つけました。一つは二〇一四年六月に制定された「反アマゾン法」で、議会は街の書店を「文化の担い手」と位置づけ、インターネットによる書籍の送料無料販売を禁止しました。グローバル企業から街の本屋さんを擁護した記事です。

もう一つは、日曜日が休業となっている百貨店の営業日を見直し、日曜営業を許可するとした政府提案に、パリの女性市長が「小さな店が織りなすパリらしさを失いかねない」と拒否。小売店擁護の姿勢を貫いたというものです。

ところで、我が国では「規制緩和」の下で、二〇一三年だけでも三万件の小売店が休廃業しています。これは一〇年前の二倍のスピード。街のゴーストタウン化に拍車をかける要因になっています。

この違いはどこにあるのか？　娘は「フランス国民には軸となる価値観がしっかりしていて、日本のように政府が『市場原理』を唱えれば、それが簡単にまかり通る国民性とは大違いだ」と言いました。

一方、妻は娘の見解が的を射ているか否かには言及せず、「フランスの男性はゆとりがあり、優雅で、気品がある。あなたも少しは見習いなさい」と。これには、日頃能弁な私も一言の反論も出ません。娘と「規制緩和」について話をしていたのに、すっかり腰を折られてしまいました。妻だけはどうも苦手で扱いにくい……。

教会で憲法漫談

二〇一四年一二月二五日のクリスマス。久々に社会福祉施設「ふるさとの家」（大阪市西成区）のミサに出ました。このミサは毎週日曜日にカソリックの本田哲郎神父が主宰しています。本田神父はこの地で三〇年近く労働者の生活や就労運動を支援している方で、その私利私欲のない人柄に魅了されて二十数年の親交が続いています。そのような関係から、ミサの後に私が憲法漫談「これがアベさんの本音だ」を演じることになっていました。「日本国憲法前文は、現代のバイブル」と説き、自民党の憲法改正草案の狙いを六〇分話しました。シスターたちは「面白かった」「良く分かった」「私の教会にもぜひ」と称え、後日、神父から「素晴らしいクリスマス・プレゼントでした。おっしゃられた通り、日本国憲法前文は、まさに日本文化に受肉した『バイブル』です」との礼状が届きました。

翌年六月、今度は兵庫県西宮市のプロテスタント教会の招きで、同じ憲法漫談を六〇分。礼拝、讃美歌、聖書の朗読、お祈り、牧師の説教、再びお祈り、永眠者への祈り……、と続きます。とても笑える雰囲気ではありません。ですが、次が私の漫談です。

しかも、漫談開始直後から最前列に陣取っている男性がいびきをかきだしました。当然、出来は悪く演じた私に不満が残りました。

礼拝の後のお茶会で、「最近は信者が減少傾向にある」と聞かされたのですが、「現代宗教はサービス業に堕落した面がある」が持論の私は、公演中のいびきに対する余憤もあって、臆することなく「社会の虐げられた人々に目を向けず、上から目線の『お恵み宗教』になってしまっては、信者が減少するのでは？」と自説を述べました。お茶会も終わり近くになって、「いびきの男性」が実は当教会の牧師だったと知らされてビックリ。

帰路、私の心中は「主よ、あの牧師に天罰を、アーメン」でした。

「釜ヶ崎」のマリア

あれは何年前だったか、それは実に寒い夜でした。日本最大の人夫の寄場「釜ヶ崎《かまがさき》」（大阪市西成区《にしなり》）の「夜回り」に初めて参加したのです。

午後八時過ぎ、長屋の一軒に二十数人の支援者が集まり、古い毛布とおにぎりを提げて、野宿するホームレス一人ひとりを訪ねます。私はスペインから来て二〇年間、「釜ヶ崎」で日雇い労働者を支援しているシスター・マリアとペアを組みました。

段ボールやブルーシートで眠るホームレスの一人ひとりに、マリアが「先輩。先輩、おにぎりと毛布を持ってきました、要りませんか」と、やさしく声をかけます。

しかし、酒で寒さを騙して眠る彼らに、マリアの小さな声は届きません。その間も寒風は容赦しません。両手に提げた毛布やおにぎりも重く、忍耐も限界です。私が「先輩、せんぱい」と声を荒らげてやっと顔をのぞかせました。

帰りの道すがら、「スペインから来て、これほど〝釜の労働者〟に献身的なシスターがいたことを、私は知りませんでした。あなたに頭が下がります」と、日頃、家族から「傍若無人」と言われる私が、マリアに深々と頭を下げました。

彼女は「彼らにも、人間らしく生きる権利があるのに、政府や自治体が職に就ける責任を放棄しています。それでも盗みや暴動も起こさず、こんな寒空に寝起きしています。あなたは、この人たちにこそ頭を下げるべきでは……」と。

私は、ハンマーで頭を叩かれたようなショックでした。

以来、時々「釜ヶ崎」に通い、少しばかり支援者の運動に加わっています。

ところでこの地には、先ほど紹介した本田神父がいます。

神父は「入信しなさい」とは決して言いません。それどころか「信じるだけでは救われない」「入信の必要はない」「脱宗教が大切だ」と説くのです。

そして、キリスト教の原点に立ち返った聖書の翻訳や文筆、講演を通じて、今日の教会中心の宗教活動の改革を訴えています。そのため、カソリック教会からは「異端者」のレッテルを張られている宗教家です。

私はクリスチャンではありませんが、本田神父のミサに惹かれ「ふるさとの家」に時々出かけています。

福音を生きる「釜ヶ崎」の労働者

久しぶりに、シスター・マリアと話をする機会があり、今日のキリスト教会と、「釜ヶ崎」のクリスチャンたちの活動について聞きました。

マリアの話はおおむね以下の内容でした。

「『釜ヶ崎』に来て約三〇年、私の来日目的はキリスト教を布教すること。私が知っていて、『釜ヶ崎』の労働者が知らないことを伝え広げることとです。

ところが、夜回りでホームレスの人に『おにぎりを持ってきました』と声をかけると、『僕はもう食べましたから、お腹をすかしている人に上げて下さい』。『毛布は?』には、『咳をしている人がいますから、その人に上げて下さい』と、彼は言うのです。

私たちは、頭では人を『思いやる大切さ』を理解し、それを分からせることが私たちの活動だと考えていました。しかし、こんな状況下で、しかも神を知らないホームレスの人が、『人を大切にする』というキリストの教えを、つまり、神が望んでいることを実践し、福音（ふくいん＝神からの良い知らせ）を生きていたのです。

私は、ここに来て福音の本質に触れたような思いがしました。

今日の教会は、社会の矛盾や問題に意図的に目をそらし、ひたすら『神は全能』『神は全知』『神の御心』、すべては神のためにとして、教会を喜ばせる行いが立派な行為と考える活動になっています。これは、キリストの教えを歪めており、キリストの正しい教えではありません。今日の教会中心の『キリスト教』と『キリストの教え』は違います。

本田神父をはじめ『釜ヶ崎』のクリスチャンは、社会問題にもしっかりと目を向け、私たちが、低みにいる人たちに必要とされる人間になって、周りの人の力になることの大切さを実践しています。

このキリストの教えと、日本国憲法は共通しています。特にその前文はまさに福音です。平和とともにすべての国民が幸せに暮らす権利があることをうたった福音です。世界で一番立派な憲法だと思います。改憲勢力は、さまざまな口実を使って変えようとしてくるでしょうが、絶対に守らなければなりません。

私は、いろんな所で憲法を守る大切さを訴えています。これからが大切です。お互いに頑張りましょう」

「労働者のミサ」

「誰もみとる者もなく、路上で、公園で、河川敷で、ドヤで、貧しいアパート（病院や施設）で、息をひきとった釜の仲間たちを、神さま、あなたのふところに迎え入れてください。ひきさかれた家族への負い目と、過酷な労働と、世間の差別の痛みのなかで生涯をおくり、孤独の死をむかえた仲間たちは、神の子の受難と死を、わが身に引き受けました。どうか、仲間たちが神の子の復活にもあずかり、解放の喜びとやすらぎを得て、地上の仲間たちをささえる者になりますように。アーメン」。

これは「ふるさとの家」で、毎日曜日のミサで唱える祈りの一節です。

このミサのテキストはすべて大きな文字で印刷され、漢字にはルビが打たれています。わずか一五ページの短いお祈りの中に、「仲間」が一八回登場し、差別、抑圧、平和、解放の言葉が再三でてきます。

表紙に大きく書かれているのは「労働者のミサ」という言葉。私が、このミサに初めて参列したとき、「ここはマルクス主義的キリスト教？」と疑ったほどです。

毎週、ミサを主宰する本田哲郎神父は、フランシスコ会代表としてバチカンに派遣され、そこで五年間修業し、帰国後は日本の管区長（フランシスコ会責任者）として全国の教会を指導して回ったエリート中のエリートで、聖書学の専門家でもあります（先日もNHKBSテレビ「心の時代」に一時間出演していました）。

その神父が戦争について語りました。

「どんなに主義主張が立派であっても、戦争になれば、そこで生活する住民は死んでいく。

死んでいくのはいつも弱い立場の人たちが先で、金持や権力者、政治家はいくらでも逃げ道がある。爆撃を受けるにしても何処に爆撃があるかを前もって情報を得ている。貧しい人たちは、戦闘に駆り出されて戦死し、或いは家を焼かれて逃げまどう中で死んでいく。

戦争がどんな立派な理屈で始まったとしても、結果は一つ、死と破壊だけ。母親はおっぱいが出なくなって赤ちゃんを餓死させ、年を取ったお父さんお母さんは老後を失わされる。

これが戦争です。どんな理屈であっても戦争はいけない」と。

そして、カソリック教会が戦前に犯した誤りについて紹介します。

カソリック教会が著した「日本天主公教戦時活動指針」（一九四三年九月）の「綱領」

と、一〇の「実践項目」です。

当時の教会が「本教団の総力を結集して大東亜戦争の目的完遂に邁進《まいしん》すべし」（綱領）と説き、「いよいよ忠君愛国の誠を尽くすこと」「自由主義思想の撲滅に努め、必勝信念の高揚をはかりて、思想国防の完璧を期すること」（いずれも実践項目）等々、侵略戦争遂行の片棒を担ぎ、信者・国民を戦争遂行へ「がんばるように」と叱咤激励してきたことについてです。それを愛と平和のキリスト教がおこなって来たのだと。

今日では信じられませんが、「戦時」には、非常識が常識になり、良識のある国民は非国民とされ、一億国民は全員同じ方向に整列させられたのです。

神父は、続いて「平和とは何か」と問いかけ、「安心して暮らせない平和など、本当の平和であるはずがない」と自説を述べた後、聖書に『平和』と訳される『シャローム』の意味を説明します。

「『シャローム』とは『傷ついたところが、どこにもない状態』」だと説き、「一〇〇人のうち九九人が満足していても、残りの一人がその九九人のために辛い思いを強いられているなら、それはシャロームとは言わない。

こういう平和理解こそ大切にしたい」

続いて、日本の平和憲法を守り実践する大切さを力強く語りかけるのです。

幸い、本田神父に「今日の社会と宗教の役割」について、私が直撃インタビューした書が、かもがわ出版から刊行されることになりました（タイトル未定）。ぜひご覧いただきたいと思います。

「末期哀れは覚悟の上」の世界

話を私の歩みに戻しますが、三一年の組合専従職から、五〇代半ばで「お笑い」の世界に入って戸惑うことが多々ありました。

まず挨拶。芸人の挨拶は昼夜を問わず「お早うございます」。「今日は」「今晩は」を決して使いません。理由は「今日は」や「今晩は」は、「客が来ん」につながると縁起を担いで嫌うのです。

最近は慣れてきましたが、当初は昼夜関係なく衆人の面前で「お早うございます」は、恥ずかしくて言えず、どうしても声を落としたものです。そのたびに、「小林、声が小さいぞ」と、年下の「兄さん」や「師匠」から注意されました。

芸人の世界では、年齢・学歴・収入に関係なく、先に入った人が「兄さん」「姉さん」で、古参の芸人は「師匠」です。六〇歳近くでこの世界に入った私は、孫同然の二〇代の芸人を「兄さん」「姉さん」と呼ぶには時間がかかりました。

過日、午後七時少し前、地下鉄大阪梅田駅の改札口付近で、私は友人と待ち合わせをしていました。そこへ、偶然ベテランの落語家が通りかかったのです。私はすかさず「師匠お早うございます」とあいさつをし、ものの五分ほど言葉を交わしました。

それを一二〜一三歳の男の子と母親が横で見ていたのです。その子が母親に言いました。

「お母ちゃん、このおっちゃん、アホやで」と。

母親が「何で?」と聞き返すと、「夜やのに、お早うございます、言うてる」と、大きな声です。母親はそれに負けない大きな声で、「仕方がないでしょ。年とったら、誰でもボケるんやから」。トホホホ。

念のために申しておきますが、私、一昨年に後期高齢者の仲間入り致しましたが、未だ認知症ではございません。安心して、公演なり原稿なりご注文下さい。

さて、この世界に入ってもう一つ驚いたのは、芸人の労働条件。彼らは「吉本興業所属」「松竹芸能の芸人」と言っても、会社の社員ではありません。

一人ひとりが事業主で、労働法や社会保険は適用されていないのです。従って、最低賃金、健康保険、失業保険、労災補償や休業補償等、労働基準法も適用されていません。

彼らの収入は、主として会社の劇場に出演して得る「劇場ギャラ」と、出演を依頼してきた団体や地方に出向いて演ずる「営業ギャラ」の二つです。

劇場ギャラは驚くほど安く、新人だとワンステージ一〇〇〇円以下、交通費も食事手当も支給されません。ベテランでも数千円。これではとても生活できないでしょう。

一方、営業ギャラは知名度のある芸人だと、手取り数万円から数十万円になります。営業の仕事が数多くあれば生活は困りませんが、最近はお笑いのイベントがすっかり減って、芸人の稼ぎは激減しています。

過日、テレビ局に呼ばれた芸人五〇人が、司会者の質問「年収五〇万円以下の芸人はスイッチを」に、七五%がオンでした。私が見る限り年収一〇〇万以下が九〇パーセント近いと思います。圧倒的多数がワーキングプアーなのです。

これに比べてプロ野球選手は違います。例え一軍に登録されなくても、この世界に入った瞬間から最低年俸四五〇万円が保障されています。この違いはどこから来るのか?

一つの要因は、プロ野球選手は全員「プロ野球選手会」に所属していることです。この「会」は名称こそ「選手会」ですが、その会則は労働組合法に基づいており、労働委員会から労働組合の資格を得ています。従って、「選手会」には憲法で定められた団結権、団体交渉権、団体行動権の行使が保障されており、長年の交渉を経て今日の労働条件を確保してきたのです。

忘れもしない二〇〇四年、プロ野球機構（会社側）が、近鉄と西武球団を無くしパ・リーグを四球団にして、セ・リーグの六球団と統一し、一リーグ一〇球団のリストラ案を決定しました。

これに対し「選手会」は、三日間のストライキでリストラを跳ね返し、今も二リーグ制を守っています。

「プロ野球選手会が、労働組合でなければ一二球団・二リーグ制は守られなかった」（月間『連合』二〇一六年三月号）とプロ野球選手会森忠仁事務局長は述懐しています。

これに比べ、芸人は一人ひとりがバラバラで立場が弱い。会社に嫌われるとテレビ出演の仕事を回してもらえません。それでは、いつまでたっても知名度が上がらない。こうして、芸人は会社に生殺与奪の権限を握られたままで逆らえないのです。従って、プロ野球選手と芸人では、労働条件や権利にも差異が出るのも当然なわけです。

この現実を、芸歴四十数年の芸人に居酒屋で聞かせ、「芸人も、団結する権利、団体交渉をする権利と、交渉が決裂したら闘争をする権利、つまり労働三権がある。しかし、芸人に団結は無理やろう」と挑発したことがあります。

すると意外にも「先日、中堅の芸人七人が居酒屋に集まって、『劇場ギャラアップ』で交渉することで意思統一した」と言うのです。

「ほう、珍しい、団結したんやな」。ところが続けて言うには、「居酒屋での支払いの段になって、『持ち合わせが足らない』ことが判明。そこで代表者を選んでマスターと値引きの団体交渉をした」と言うのです。「ほう、それで?」との私の問いに、「交渉は決裂し、全員が、靴はいて逃走した」と。

思わず「上手い、ビールもう一本」を、追加した。

組合運動に文化力を

私が住む大阪十三《じゅうそう》の居酒屋で、二〇代後半の労働者二人が「今の委員長は弱腰だ、頼りない」と、組合幹部批判を肴にメートルを上げているのです。面白い話に興味を持ち、ビール二本を提げて話に加わったのはもちろんです。

要するに、「業績が悪い、これ以上は無理だ」と、会社の言いなりに一時金を妥結した委員長の弱腰をぼやいているのです。

話の途中、「君たちは組合集会で、『がんばろう』を歌うのか」と尋ねると、「あんなダサい歌、誰も歌わん」と、吐き捨てるように言います。

そもそも、音楽、文学、演劇、映画等、ジャンルを問わず、文化は人の心を癒し、励まし、鼓舞し、団結を高める力を持っています。それが「文化力」です。

だから戦前の天皇制政府は、戦争賛美の歌や映画、演劇、絵画、漫才、浪曲、講談等々を奨励し、彼らを戦地に派遣する一方、反戦・平和を訴える文化活動を徹底して弾圧し、小説「蟹工船」の作者・小林多喜二を虐殺しました。

組合運動の高揚時には、常にプロレタリア文化があったのです。私は文化運動の軽視と組合運動の沈滞は無関係ではないと考えています。

話を変えますが、中国の名言「四面楚歌《しめんそか》」は、楚の王項羽《こうう》が敵の劉邦《りゅうほう》軍の兵士が歌う故郷楚の歌に包囲され、敗北を覚悟した歴史に起因するもので、これは「文化力」を表した言葉です。

「がんばろう」も文化です。それを今の若い組合員は、「ダサい」と言うのです。「罰当たり者が。そんな姿勢では委員長の弱腰も当然だ」の思いと、「ビールを四本も損した」という後悔です。

これに比べ、私の初孫は違います。生後三ヵ月頃から「五木の子守唄」や「シューベルトの子守歌」より、「がんばろう」を歌うと泣き止むのです。さすがに私の孫だと嬉しくなりました。但し、合いの手は「それそれ」ではなく、乳児用に「しょれ、しょれ」にした方が喜びます。皆さんも一度お試しを。

子どもたちに何を教えるか

中学校から依頼を受け、久々に子どもの前で喋りました。

「君たちが、これから生きていく社会は、終戦直後の新憲法が公布され、国民が『もう戦争は無い』『人権と自由が大切にされる社会になる』と希望に燃えた時代でも、『金の卵』と若者が重宝された高度経済成長社会でもない。

敢えて言えば、高校・大学を卒業しても劣悪な条件の非正規労働や、正規で就職できても『ブラック企業』と言われる職場が多く、高卒の四割、大卒の三割が三年以内に退職し、若者の中に過労死や過労自殺が増えている逆風の社会だ。

それだけに、①困難に直面すると思うが、決して自暴自棄になって困難から逃げるな、相談できる人が必ずいる、力になってくれる。②これからの社会は、仲間と協力、助け合い、団結が大切な時代だ、そのためにも、日頃の挨拶や、人に対する優しさ、思いやりが大切だ。③地味で目立たなくてもいいから特技を磨け。④スマホから手を放して、本を読め、本は先人が生きる知恵を教えてくれ、正誤の判断力が養われる」等々と。

自分の体験と、娘婿の自死を交えながら約一時間話しました。

ところが、後日学校からクレームが来ました。

要約すると、「我が校では、『夢を持って努力すれば実現する』と教えているのに、それを否定する内容だ。現実は確かにそうかもしれないが、あの話では子どもたちが夢を持てない」と言うのです。

よほど腹に据えかねての抗議だったのでしょう。そう言われてみれば、娘婿が自死した直後で、私自身が滅入っており暗い話になったのかもしれません。

しかし、そもそも「すべては夢から始まる」「努力をすれば夢はかなう」等は、芸能界で名を成した芸人が広げた言葉で、裏を返せば不成功は「努力不足」「怠け者」論に帰結します。

私は自死した娘婿が努力家であったことを目の当たりにしているだけに、彼の死後、「夢から始まる」等の言葉を忌み嫌ってきました。確かに「努力して報われる人」と、その一方で「努力をせず成功しなかった人」がいます。

しかし、現実は国が労働政策として、一定量の若年労働者を、派遣や非正規の落とし穴に突き落とす社会的構造を作っています。それを知りながら、子どもたちに「夢を抱いて努力すれば実現する」と言い続けて良いのか。それが私の言いたいことです。

娘婿を失った経験から、若い人たちが困難に直面した時に、どう考え、どう対処すべきか、そのことを今日の学校で教えるべきだと、思えてならないのです。間違っているでしようか。

彼こそ人間国宝だ

皆さんは大阪に来られたとき、何処を見学されますか?

私が客人を案内するのは、大阪市中央区中の島にある「東洋陶磁美術館」。当館は、倒産した安宅《あたか》産業の陶磁器コレクション九六五点を差し押さえた住友銀行が、大阪市に寄贈し、同市が開設した世界一級の陶磁器美術館です。

ここには、中国の陶磁器と並んで朝鮮半島の陶磁器も約四〇〇点所蔵しています。朝鮮半島で古くから美術的評価の高かった青磁器とともに、白磁の名品も数多く展示されています。

その昔、朝鮮では白磁は庶民の日用品だったそうです。その価値を発見し世に知らしめたのが山梨県北杜《ほくと》市出身の浅川伯教《のりたか》と巧《たくみ》兄弟でした。

伯教は一九一三年、弟巧は翌年に朝鮮に渡り、兄は朝鮮の公立尋常小学校に、弟は朝鮮総監府山林課に勤務しました。

当時、日本はアジア支配を国是とし、現地では朝鮮人に対する非人道的扱いが常態化していました。

そんな中、巧は朝鮮人の衣装をまとい、現地の言葉を使い、朝鮮の食事をとり、朝鮮人と同じ生活を送りつつ、植林技術者として禿山《はげやま》の緑化に従事していました。彼はその傍ら、生活に困窮している人々を助け、同時に朝鮮の民芸品に内包する芸術的価値を発見し、その宣揚に力を注いだのです（江宮隆之の名著『白磁の人』河出書房新社に詳しい）。

巧は一九三一年、四〇歳の若さで病に倒れました。彼の死を悼んだ現地の人たちが葬儀に多数参列し、我も我もと棺を担いだと言われています。

彼の墓は、今もソウル郊外にあって、韓国の人たちの手で大切に守られており、その墓石には「韓国人の心の中に生きた日本人、ここに、韓国の土となる」と刻まれています。

彼は、この時代に基本的人権を日々の生活に具現化した数少ない日本人です。

戦後に文部大臣を務めた安倍能成《よししげ》は、彼の死を「人類の損失」と教科書（一九三四年刊、旧制中学校）で嘆きました。

巧の偉業を知るにつけ、この時代に、こんな生き方をした日本人がいたのだと驚くばかりです。彼の生き方に感銘した仲間約四〇人で、我々は「浅川巧の会」（会長・中田進）を結成し、毎年彼の足跡を訪ねています。

もちろん、山梨県北杜市にある浅川兄弟資料館も訪ねました（北杜市近郊は、山高神代《やまたかじんだい》桜や、わに塚の桜等、桜の名所です。一度は足を運ぶ価値があります）。

しかし、最近は郷土の誇り浅川巧を知る人も少なくなり、同館を訪れる人はまばら。「このままでは廃館に……」と心配しています。出来れば、全国各地で浅川巧の会が結成され、第一回全国交流会を北杜市の桜の下で開きたいものです。

沖縄に思いをはせて

一九七二年、私は組合の青年部を率いて沖縄本島から伊江島に渡りました。「立ち入り禁止」の立札を横目に、レンタカーで無人の米軍基地へ入ったとたん、真っ黒なジェット機が耳をつんざく爆音でレンタカーめがけて急降下してきました。車体は音を立てて震え、ハンドルは思うに任せず、車内は機銃掃射の恐怖からパニックで、死に物狂いで基地を脱出しました。

これは沖縄が本土復帰する直前のことです。その後、私は何回か沖縄に足を運んでいますが、そのたびに基地が復帰以前のまま残っており、米軍のゴミで伊江島の海岸が汚れている姿を見てきました。

復帰後四〇年が過ぎ、確かに沖縄は一見近代的になりました。しかし、米軍基地がもたらす県民の被害は何も変わっていません。

「復帰」前から、佐藤栄作総理大臣の意を受けた若き政治学者・若泉敬《わかいずみけい》（京都産業大学教授）は、総理大臣の密使として米国側要人と秘密裏に復帰交渉を進めてきました。しかし「本土並み復帰の約束」が守られず、結果的に沖縄県民を裏切った贖罪《しょくざい》から、彼は秘密交渉の全貌を明らかにした著『他策ナカリシヲ信ゼムト欲ス』（文藝春秋）を残し、一九九六年七月、福井県鯖江《さばえ》市の自宅で失意の服毒自殺を遂げました（JR福井駅近く県立国際交流センターに、彼の資料が遺されており、映像でも彼の姿や思いを知ることができます）。

本土復帰から四四年、若泉の死から二〇年。確かに沖縄は一見近代的になりました。しかし、日米両政府によって、日本の国土の一パーセントに満たない沖縄に七四パーセントの米軍基地が未だに押し付けられ、沖縄を犠牲に「平和を享受」する「甘えの構図」は続いています。

米軍基地と暮らす沖縄県民にとって、平和憲法は遠いよその国のものでしかありません。基地問題を解決し沖縄に平和憲法を根付かせることは、日本が、アジアで平和のリーダーとしての役割を果たすうえでも極めて重要です。

そして、基地問題を解決するうえで最も理にかなった方法は、日本政府がアメリカ政府に対し日米安保条約第一〇条に基づき「安保条約破棄」を通告すれば、一年後には基地を撤去させることができます。それを実行する政府の樹立が望まれます。

基地撤去の展望についていて翁長雄志《おながたけし》沖縄県知事は、「今後の見通しについてはまだ言えませんが、沖縄が主張し、一個人としての私も主張し、知事としての私も主張して、人々と一緒に行動します。どんなに難しい中でも、どんなに可能性が小さくてもやり遂げる覚悟です。私たちの思い、私たちの存在をかけてやっていきます。」「これは人間の誇りと尊厳を賭けた戦いでもあるのです」（翁長雄志著『戦う民意』角川書店）と語っています。

県民の悲願を成就させるには、我々日本人の一人ひとりが、沖縄県民に多大な犠牲を強いている事実をしっかり理解し、県民の基地撤去の思いに寄り添い、連帯していくこと。そのことが、とりもなおさず日本とアジアの平和と安全にとっても極めて重要だと私は思うのですが。

組合運動の蘇生を願って

一九七五年一一月、当時の総評官公労組は、日本の組合運動史上最大のストライキを敢行しました。当時の国鉄を八日間にわたってストップさせて敗北した「スト権スト」がそれです。この「スト権スト」敗北を機に、日本の組合運動は大きく後退することになります。

まず争議件数が激減。七五年に半日以上のストライキは五一九七件にのぼりました。しかし、この敗北を機に潮が引くようにストライキは減少し、二〇一四年には二七件。何と二〇〇分の一です。これは労働三権の一つである団体行動権の事実上の放棄と言っていいでしょう。団結権や団体交渉権は団体行動権の裏付けがあってこそ、その力を発揮します。「歌を忘れたカナリア」では当然相手から軽んじられ、交渉力も要求実現力も低下し、賃上げは七〇～七五年の平均一九・五パーセントから、昨今は一～二パーセント。組合運動は魅力を失い、労働者の組合離れが進み、組織率は三四パーセントから一七パーセントに半減。労働法は次々と改悪され、今や劣悪な労働条件を余儀なくされる非正規雇用が四〇パーセントを占め、さらに、三年以上は派遣雇用を禁止し、正規労働者に置き換えることを定めていた派遣法が、二〇一五年に改悪され、派遣永続化への道を開通させています。

勤労者の所得は下がり続け、可処分所得は三〇年前に逆戻り。近年は、税金や社会保険料等の非消費支出が二〇パーセント近くを占めて家計を圧迫しています。

こうした環境の下で、三〇～三四歳の非正規男性の既婚率は二七パーセント、四人に一人しか結婚していません。彼らと膝を交えて話す機会があり、結婚しない理由を聞きました。すると「稼ぎが悪いから、結婚できない」のではなく、「この待遇では誰も結婚してくれない」と、最初から結婚を「あきらめる」というのです。

昨今、二〇歳代若者の死因の四七パーセントが自殺です。（二〇一三年現在）。

こんな時代が日本の歴史上にあったでしょうか。

夢多き若者の未来を黒く塗りつぶしている責任の一端が、「労働組合にはない」と断言できるのかと思います。

すべての若者は勤労の権利を有し（憲法二七条）、健康で文化的な最低の生活を営む権利（同二〇条）を持ち、幸福追求の権利は最大の尊重が必要とされ（同一三条）、その権利は、現在及び将来にわたって侵すことのできない永久の権利として信託（同九七条）されている国においてです。

憲法を我々の手に取り戻さなければ、人口の減少は止まりません。国民の納税力は低下し、社会保障費負担力も劣化するばかりです。このままでは日本は破綻するでしょう。

世界に二〇〇万人近い読者をもつ政治経済誌『ロンドン・エコノミスト』が、二〇一〇年一一月二〇日号で「未知の領域に踏み込む日本」をタイトルに日本特集を編みました。

冒頭から「日本の未来を垣間見たければ、夕張市を訪問するがいいだろう。かつて炭鉱都市として栄え、四年前に三六〇億円の負債を抱えて盛大に破綻した北海道の街だ」と、日本の未来が夕張化すると予言しています。

そして、その最大の要因が日本の人口減少にあるとし、「日本は歴史上存在したどの国よりも速いペースで高齢化しており、経済と社会に多大な影響を与えている。では、なぜ日本は適応するための手をほとんど打っていないのか……」と疑問を呈しています。

若者と女性の待遇を抜本的に改善し、誰もが安心して結婚し子育てができる労働条件の確立は、憲法の根本的精神でもあり、我が国の差し迫った課題です。

憲法を我々の手に取り戻すたたかいは、今や救国のたたかいでもあるのです。

アメリカの組合運動に学ぶ

今、米国労働者のたたかいが面白い。アメリカの労働者の組織率は日本より低い一一パーセント。そして、この国の連邦最低賃金は日本とほぼ同水準の一時間当たり七・二五ドル（一ドル一二〇円換算で八七〇円）。

彼らは、「格差や貧困は不正義である」をスローガンに、これを二倍強の一五ドルに引き上げるたたかいに取り組んでいます。「さまざまな社会運動NGO、公民権運動団体、キリスト教会、大学の労働教育研究センター」（『世界』二〇一六年二月号・高須裕彦）等とネットワークを組織し、ロスアンゼルス市、オークランド市、バークリー市、サンタモニカ市等々、一〇市以上で「一五ドル最賃」を実現し、各地で快進撃を続けているのです。

一時間一五ドルを一二〇円で換算すれば一五〇〇円、八時間労働で二一日勤務すると一ヵ月三〇万二〇〇〇円。共働きをすれば「文化的な最低限度の生活」への夢が持てるのです。

この「最賃一五ドル」について、米紙「ロスアンゼルス・デイリー・ニュース」が、カリフォルニア州パサデナ市のテリー・トルネク市長が「『常勤で働く住民が、絶望的な貧困の中で生活してはいけない』と引き上げの意義を強調」したと報じ、「今回の条例で約三万人の労働者の収入が増えて一万人が貧困状態から抜け出し、個人消費が年間二億三〇〇〇万ドル（約二六八億円）増える」との専門家の試算を紹介しています（「しんぶん赤旗」二〇一六年二月六日による）。

この勝利は、彼らが「格差と貧困は不正義だ」をスローガンにたたかったことで、「一五ドル要求」が社会的正義の要求として支持を広げ、各種市民団体の協力が進み、運動の幅を広げることに成功したのです。

どんなたたかいも、社会的支持を欠いては勝利しません。

カブラの冬

皆さんは「カブラの冬」と言う言葉をご存じですか?
第一次世界大戦中、イギリスが敵国ドイツを兵糧攻めにするため、海軍を駆使して海上を封鎖し、ドイツの食糧輸入を封じ込めました。その結果、食糧不足からドイツは七六万人の餓死者を出し、軍事的には優勢だったにもかかわらず戦争に敗れたと言われています。当時のドイツ国民は、家畜用飼料の「スウェーデンカブラ」で飢えとたたかったそうです。この一九一六〜一七年の飢えた冬を、ドイツ人は「カブラの冬」と言うのです(藤原辰史著『カブラの冬』人文書院刊)。

政府は、TPPが農業の発展、ひいては日本の発展に欠かせないと強弁しています。ですが、農林水産省が示した資料の中には、食料自給率が現在の約四〇パーセントから一四パーセントに激減し、米作は九〇パーセントが破壊され、三五〇万人の雇用喪失が起こるとの試算もあります。

近年、日本の税収は約五〇兆円前後、支出は一〇〇兆円近くで、不足を国債で賄い、借金は一〇〇〇兆円を超え、GDP比率はギリシャよりはるかに高く、文字通り世界一の借金国。仮に税収入全額を借金に充当したとしても返済に五〇年以上かかります。もちろん、そんなことは不可能ですが。

ところが、政府は、借金の要因が少子高齢化にともなう社会保障費の増大にあると言って、老人対若者の対立を煽り、社会保障予算の削減は避けられないとの風評をまき散らしています。

それは事実でしょうか？

そもそも我が国の債務が急膨張したのは九〇年代中頃からです。歴代の自民党政府はデフレ不況克服のために、公共事業に数百億円の巨額を投入し、財源不足を国債に頼ってきました。

当時の小渕恵三総理大臣は、「俺は世界一の借金王になった、ガハハハ」と笑って二〇〇〇年四月に他界しました。彼の元首相秘書官は「総理は、この借金はいずれ返す」との思いだったと振り返りますが、借金はその後も増え続け、わが国の財政は借金と利息の返済に追われる自転車操業に陥っています。

なぜ九〇年代中頃から国の借金が急増したのか。その疑問に元自民党副総裁の山崎拓氏が朝日新聞のインタビューに応え、「再びバブルを起こせば、税収入が増え、借金は減らせるとみんなが考えた」と振り返っています。

しかし、いくら公共事業に予算をつぎ込んでもバブル再来の花は咲かず、果実も実らず、景気は低迷し、賃金も国民の購買力も上昇せず、富の偏重だけが進んだのです。

こうして、一般国民の納税力は低下して財政赤字がさらに続き、「失われた二〇年」が三〇年になろうとしています。

日本では、例えば国債を国内で消化しているから大丈夫だとの安心立命論や、反対にこれまでと違うことだから心配はいらないという見方をする人がいますが、八〇〇年間の国家財政破綻を研究したカーメン・M・ラインハート（メリーランド大学教授）とケネス・S・ロゴフ（ハーバード大学教授）は、その著書『国家は破綻する』の日本語版序文で、そのような思い込みは、「傲慢《ごうまん》と無知だ」と述べ、「傲慢と無知は、どの時代にも、どんな政治制度の下でも、人間の性質に普遍的に見られる特徴である。最初に現れるのは、金融危機がどれだけ頻繁に起きているかを知らない、と言う無知である。……人間の性質に備わったもう一つの欠点は傲慢である。金融危機は、どこかよその国、よその時代のよその人に起きる出来事だと思い込むのは、傲慢のなせる業である」と、注意を喚起しています。

両教授が指摘するまでもなく、我が国の国債はいずれ返済不能に陥って暴落し円も急落すると思います。

その時「食料自給率一四パーセント」で「スウェーデンカブラ」もない島国日本は、どこから何を、どうやって輸入し、国民の暮らしをどう守るのか。それとも難民船でアジア各地に救いを求めるのか。

国民の食料とエネルギーの自給率向上は、「万世一系二六〇〇年」を誇る日本国であっても緊要の課題です。ＴＰＰの再考が必要であることは論を俟たないでしょう。

定年で人生謳歌を

三月は定年退職の月。私の体験から言えば、「定年後こそ、我が人生」です。我々はこれまで、会社にこき使われ、腹が立っても上司に逆らわず、同僚とはケンカせず、言いたいことは腹におさめ、妻の不遜な態度にも耐え、不当に少ない小遣いで我慢し、少しでも安い飲み屋を探し、誘われても不倫の一つもせず、ひたすら健康に注意し、雨にも負けず、風邪にも負けず、冬の寒さにも耐え、欠勤をせず、有給休暇の取得は社内平均値を意識して完全消化をせずに迎えた定年です。

やっと会社からも、職場からも解放されたのです。子どもは成人して親に責任はなくなりました。収入は極めて不満だが決まった年金が入ります。

毎日が有給休暇です。両方のポケットには、溢れる自由があります。ボランティア活動でも、未知の地を訪ねることも、やりたいことが好きなだけできる自由を、とうとう手に入れたのです。

これまでは、今日を迎えるための準備期間だったのです。ついに人生の収穫期を迎えたのです。それを「もう一〇年若かったら」「もう歳やから……」と自由を活用しなければ、バチあたりな「定年敗北者」です。

しかも、我々戦後世代は、少子高齢化、国の借金、食糧自給、産業の空洞化、原発稼働、環境問題等々、背負いきれない負の遺産を残し、次世代に希望少なき社会にした責任があります。その罪を少しでもつぐなう責任が我々にはあると思います。

三〇～五〇年先の日本を見据え、孫やひ孫に手渡すべき課題を自覚し、手にした自由を活かしてたたかい続ける。これでこそ輝く晩年ではありませんか。

そのために、一言ご注意を申し上げる。

定年後を楽しく過ごすには三つの条件があるのです。

第一に健康でなければ自由は手に入らない。そのためには健康増進の習慣を身に着けること。私は週に三回はジムに通い、一時間半は汗をかいています。

第二は、自分の課題・目標・夢を明確にし、その実行ノートを枕元に置く。目標・課題が定まると体を動かす習慣がつきます。無理をしなくて良いですから、できる範囲で続けること。大切なことは継続です。

さて第三ですが、これが一番難問。夢を実行するには少しばかりのお金が必要です。自分の年金であっても女房の支配下に入ると、思うようにはなりません。何か楽なバイトをして「少額でも」と思いますが、そう簡単に見つからない。

そこで、定年前の男性諸君に妙案を伝授しましょう。

よろしいか、退職金は決して全額を妻に渡さず、少しは手元に置くべし。

私や友人の経験でも、世の妻はたとえ夫の退職金であっても、ひとたび自分の手元を通過すると、その瞬間から「これは自分のもの」と錯覚する不思議な習性を持った生きものです。

子や孫のために支出することは惜しまないが、亭主にはきわめて冷たい。まして取り返すことなど至難。

男性諸君、ゆめゆめ油断するべからず。

師は、弟子に何を教えるか?

阪急電鉄十三駅（大阪市淀川区）夜九時半。ランドセルを背にした塾帰りの子どもたちが、千鳥足で下車する私に体をぶつけながら飛び乗ってきた。大晦日《おおみそか》も正月も返上の特訓だと言います。

格差社会の下で、世の親たちは子どもを「勝組」にしたい。そのためには「良い高校」「良い大学」「良い就職」が「良い人生」と信じ、我が子を低学年から塾に通わせ、生活のすべてを「志望校合格」に集中させます。

そんな生活から来るストレス解消のために、親は子が求めれば、スマホ、漫画、ゲーム、さらに布団圧縮機、高枝ハサミ、ウコンの力、グルコサミン等々、何でも買い与えて彼らの機嫌を取ることになりました。

こうして育てられた子どもは、「自分の欲求は実現されて当たり前」と錯覚したまま育っていきます。

一方、「私の子どもだ。成績が良くて当然。悪いのは努力不足」と、子どもに過剰な期待を押し付け、それをスパルタで達成しようとする親もいます。

二〇〇八年六月、二五歳の青年が歩行者天国で一七人を殺傷した「秋葉原殺傷事件」の犯人・加藤智大《ともひろ》の母もその一人です。

智大の弟優次《ゆうじ》さんが「事件の原因をヒモ解くことに役立てば」と、事件直後の『週刊現代』に、兄弟が育った家庭環境や母親の教育方針を、四回の手記で連載しました。

彼によると、母親が子どもを怒るのは常に「テストの成績」で、「絶えず完璧を求め、一〇〇点以外は評価せず」、あるとき「母が、食事の途中にとつぜん兄に激昂し、廊下に新聞を敷き、その上にご飯とみそ汁をバラマキ、『そこで食べなさい』と言い放った。兄は泣きながら新聞紙の上の食事を食べ始めた」と言います。

また母は「一〇秒ルール」を設けて、一〇秒以内に納得できる回答を示さなければ、延々とビンタを続け「完璧な答え方をするまで許さなかった」。

智大も「母親と言う人は、自分が絶対に正しいと考える人でした。母親の価値観が全ての基準です。その基準から外れると母親に怒られるわけですが、これに対して説明することは許されませんでした」「自分の思い通りにならない相手の心身に攻撃して自分の思い通りにしようとする私の性格は母親のコピーだ」と言っています。

そして「不適切な教育を母から受け……それを父親が見て見ぬふりをしてきたことで、親が味方ではなくなって行った」「私も普通に育てられていたなら、事件は起こさなかった」と、その著書『解』や『解+』で述懐しています。

その点、落語の世界は違います。師匠が入門してきた弟子に必ず教えることは三つ。

まず、「お早うございます」「ありがとうございました」等の挨拶。挨拶は人間関係の基本です。これが出来ないと誰からも相手にされず、仕事も紹介してくれません。だからどれほど出来の悪い芸人でも挨拶はきちっとします。

二つ目は「時間厳守」。人に迷惑をかけない大切さを分からせるのです。「時間厳守」をせず舞台に穴をあけるようでは誰からも信用されず、そんな芸人には誰も仕事をくれません。

三つ目に「芸は盗め」。師匠や兄弟子が教えてくれるのを待たず、自分から先輩の芸を良く見て「盗め」。そのことが芸の上達に欠かせないからだと教えます。努力の大切さを分からせるのです。

「末期哀れは覚悟の上」の世界だけに、自立する上で不可欠な価値観の基軸をしっかりと教えます。そして、後は「捨て育ち」でほとんど構わないのが落語界の弟子育成術です。

蛍池駅《ほたるがいけ》の母と子

加藤智大が「秋葉原殺傷事件」を起こした当日、弟の優次さんは関東でひとり暮らしをしていました。テレビで事件を知り、「マスコミがおしかけて、職場やアパートの人に迷惑がかかる」と、深夜に退職届を提出し、着の身着のままでアパートを出たそうです。

その後、優次さんは殺人犯の「弟」と知られることを恐れ、職と住居を転々とします。

数年後、そんな彼にも恋人ができました。彼は勇気を奮って「犯人の弟」であることを告白し、結婚を申し込みました。彼女の返事は「あなたは貴方、関係ない」と承諾してくれました。

彼は「とても、とても嬉しかった」が、二人が同棲するアパートをマスコミの記者が訪れるようになり、そのたびに彼女は動揺し、ついに結婚話は壊れてしまいました。

優次さんは「結婚を一瞬でも望んだ僕が間違っていた」「加害者の家族は幸せになってはいけないんだ」と思うようになり、「死ぬ理由に勝る、生きる理由が分からない」と、二〇一四年に二八歳の若さで自死しました。

子どもは親の装飾品ではありません。己の虚栄心を満たすための子育ては子どもの人生を狂わすのです。

あれは何年前だったか、山形県のN町教育委員会から、私が組合で定年間近の労働者に語っている「六〇歳は三度目の成人だ」の講演依頼がありました。

空港に出迎えてくれた職員の車で楽屋に直行し、急いで舞台に立って驚きました。客は定年を一〇年以上前に過ぎた八〇歳前後の「純粋老人」ばかり。後で聞いたことですが「六〇～七〇歳の壮年」は畑仕事が忙しく「来れない」そうです。

お客さんは「そんな話、もっと若い者の前でやれ……」と言わんばかりで、私の話にまったく耳を貸しません。激烈な敗北感で舞台を降りました。その瞬間にドッと疲れがでて、「来るべきではなかった」「なぜ、事前に参加者の年齢や、関心ごとを……」、そうすれば断っていたのに……」、あとの後悔先に立たずです、トホホホ。

芸人は、受けないと、ひどく疲れます。だから酒を飲んで周りに当たることがあって、よく「芸人は酒癖が悪い」と言われるのです。

自信喪失、疲労困憊で伊丹空港からモノレールで阪急電鉄蛍池駅へトボトボたどり着き、ホームのベンチにドカっと腰を下ろしました。

隣に三〇代半ばの母親と、その前に小学五～六年生と一～二年生とおぼしい男の子が話をしています。話はおおよそこんな内容でした。

兄「お前は怒ってるやろ」
弟「怒ってない」
兄「いいや、腹を立ててる」
弟「腹なんか立ててない」
兄「自分の意見がいつも正しいとは限らん。そんなときは『僕はこう思う』と言って、引き下がることや。どっちが正しいかは後でわかる。腹を立てるのは間違いや」

母親はただニコニコと見ているだけでした。

私はこれが小学生の言葉かとすっかり感心し、「兄ちゃんはええことを言うな、おっちゃん感心した。良い話が聞けたお礼や」とカバンからリンゴを取り出し、母親に押し付けました。

弟は「違う、それはいつもお母ちゃんが言うてることや」との反論です。

「梅檀《せんだん》は双葉《ふたば》より芳し《かんば》（大成する人は、幼いときから優れているというたとえ）」。ところがこの母親は双葉の頃から梅檀に育つ子育てをしているのでした。

もしも、加藤智大、優次兄弟がこの母親に育てられていれば、「秋葉原殺傷事件」は起こらなかったと思いつつ家路を急ぎました。気が付くと、いつの間にか疲れはなくなっていました。

過労死家族の悲願、ついに

過労死は突然襲ってきます。誰も自分の夫が過労死するなんて夢にも思っていません。そんな妻が「あれほど元気だったのに」「傍にいながら」「なぜ過労死するまで……」と亡き夫の親や兄弟、親族から詰問されることが多いと聞きます。身を切られるように辛い思いでしょう。

昨日までは平凡な主婦だった彼女たちが、「会社の責任を明確にし、夫の無念を晴らしたい」「こんな辛い思いを、もう誰にもさせてはいけない」と、右も左も分からない状態から、過労死認定闘争に立ち上がります。

私が最初に過労死闘争の支援に加わったのは、一九八八年二月に起きた「椿本《つばきもと》精工平岡事件」でした。

「会社に二八年八ヵ月、誠心誠意働いておりましたが、風も吹いていない家の中で、大きなローソクが、一瞬のうちに吹き消されたみたいに、急性心不全で亡くなりました」（妻チエ子さんの労災申請陳述書）。

平岡さんが死亡する一年間の労働時間は三五〇〇時間、月一〇〇時間を超す時間外労働もざら。妻チエ子さんは「せめて日曜くらいは休みを」と何度も頼んだのですが、そのつど会社から欠勤者補充の電話があり、係長の彼は黙って家を出たといいます。

平岡さんが亡くなる数日前、音大生の長女智子さんが、父親の働き過ぎを心配して、ベートーベンのコンサートチケットを二枚購入して誘ったそうです。ところが、定時で帰ることが出来なかった平岡さんは、残念そうに首を横に振りました。そのコンサートの二日後に彼は逝ったのです。

あれから三〇年近くが過ぎました。過労死家族等のたたかいによって、過労死の認定基準は随分改善されています。

しかし今も過労死は減るどころか、脳・心臓疾患等の過労死に関わる労災申請が、一九九九年度の四九三件から二〇〇六年度には九三八件へ、ほぼ二倍です。特に近年は「過労自殺」の申請件数が急増し、一九九九年度の一五五件から、二〇一四年度には一四五六件へと一〇倍近くに増え、「過労自殺」を含む過労死は減少する気配がありません。

こうした状況下、「過労死等がなく、健康で充実して働き続けられる社会の実現」をめざす過労死防止対策推進法が全会一致で成立しました。

この法律制定にあたっては、過労死家族の会（会長・寺西笑子）の運動が特筆されます。

そもそも「過労死防止法」は、夫や息子や娘を過労死で亡くした家族たちが、二〇一一年に「過労死を無くす法律」の制定運動に立ち上がった時から始まりました。

「家族の会」は自費で代表一〇名を国連人権委員会に派遣してロビー活動をおこない、過労死防止「是正勧告」を日本政府に出させ、弁護士・学者の協力を得て防止法案を作成し、成立を求める請願署名を五五万筆集め、国会近くのホテルに陣をとり、連日、国会議員会館に議員を訪問して説明し協力を訴え、法案成立に賛同する超党派国会議員連盟に一三〇名の参加を得る等、執念を込め、心血を注ぎました。

「女の一念、岩をも通す」。二〇一四年六月二〇日、ついに「過労死防止法」は成立。この日、彼女たちは参議院本会議場の傍聴席に陣を取り、採決を見守りました。その瞬間、涙を流し、手を握りあい、抱き合って喜んだ彼女たちの姿を、私は今も忘れることができません。

「過労死防止法大綱」の活用を

どんな立派な法律も、それを活かさなければ無いのと同じです。

二〇一五年七月閣議決定された「過労死防止大綱」は、活用次第で過労死防止に役立つものになっています。

「大綱」は、過労死防止への調査、研究、啓発、分析、相談窓口の設置、労働時間削減、有給休暇消化等、当面の目標を具体的数値で示し、その取り組みを使用者だけでなく、行政や労働組合にも求めています。

中でも、私が注目するのは、中学、高校、大学等での労働条件や権利啓発の教育をうたっていることです。なぜなら、憲法二七条、二八条に基づく労働者の権利について、多くの若者が無知に等しい状態で就労しています。そのことが悲劇を生む一つの側面となっているのです。若い人たちに憲法で定めている労働者の権利を知らしめることは、彼らが自らの尊厳を自覚して人生を歩むうえでも極めて重要なことは論を要しないでしょう。

もう一つ注目するのは、「大綱」が、労働組合にその趣旨を活かした労使協定を呼びかけていることです。職場から過労死を出さないための労働協約の要求は、組合員だけでなく、管理職や家族も共鳴・支持する大義名分ある要求であり、職場の団結強化に役立つ課題でもあります。

労働組合が「家族の会」から引き継いだ「過労死防止法」を活して、目に見える運動を起こさなければ、彼女たちが心血を注いで成立させた同法も宝の持ち腐れになってしまいます。

労働組合の真摯《しんし》な取り組みを願ってやみません。

ドミニカ共和国で日本国憲法の話

二〇〇七年三月、ドミニカ共和国日本大使館から招待を受け、我々国境なき芸能団は、落語家・笑福亭鶴笑《かくしょう》さんを団長に、桂あやめさん、林家染雀《そめじゃく》さんら総勢八名で、同国の学校、病院、老人施設、日本人会等々を訪問しました。

ある中学校を訪問したときのことです。日本大使館と現地中学校側の連絡不十分から、生徒たちは我々が到着するずいぶん前から「今か、今か」と待ち構えていました。

しかし、到着しても芸人の準備に一時間は必要。とは言え、これ以上待たせるわけにいきません。

同行の大使館員が申し訳なさそうな顔で「準備ができるまでの間、小林さんから日本について説明を」と、事務局長の私に穴埋めの注文となりました。急な出番に戸惑ったのですが、そこは芸人のはしくれ、度胸を決めて「日本国憲法」について話すことにしました。なぜ日本はこの憲法を持っているのか、過去の戦争体験と原爆の悲劇、そして、六〇年間一度も戦争に巻き込まれなかった「九条の力」を話しました。

もちろん、ドミニカの子どもたちが、日本が憲法九条で戦争放棄を定めていることを知る由もありません。たくさんの質問に、一つひとつ丁寧に答えました。大使館員も「大変いいお話でした」と大層喜んでくれました。

私は、外国人に日本を紹介する時、必ず「憲法と九条」の話をします。憲法は日本が世界に誇る宝であり、日本人が最も胸を張って語れる話だからです。しかも、「九条」の話は、何処の国の、どんな人でも、気分を悪くせず聞いてくれる、それどころか話を聞いて日本を尊敬してくれるのです。

その憲法が危ない。今を生きる我々大人が孫たちに「どうだ、守ったぞ、今度はお前たちの手で、日本国憲法を世界文化遺産に……」と、ハイタッチしたいものです。

そんな思いで創ったのが憲法漫談「これがアベさんの本音だ」です。あと何年元気に演じられるか分かりませんが、身体の続く限りこの漫談で全国を巡りたいと願っています。

第二章　これが笑工房のお笑いだ

観客も落語家も泣いた過労死落語

過労死落語「エンマの怒り」は衝撃的なネタおろし（初演）でした。

落語を聞いている観客も、演じている落語家も、噺《はなし》の半ばで共に嗚咽《おえつ》し落語が数分の間、立ち往生してしまったのです。

そもそも、落語は「ユーモアな話芸」で、「笑い」のジャンルに属する古典芸能です。お客さんは「笑おう」「笑わしてほしい」と期待して聞きにきています。

ところが、この日は噺が佳境に入ると客席から次第にすすり泣きが広がり、それにつられて演じている落語家まで泣き始めたのです。

最後尾に席を取っていた私は、思わず立ち上がって、「喋《しゃべ》れ、前に進め」と、手まねで合図をするのですが、もらい泣きする落語家にはそれが目に入りません。

過労死裁判をたたかっている全国過労死弁護団と家族の会が開催した全国交流会で、桂福車《ふくしゃ》さんが演じた過労死落語「エンマの怒り」でした。

過労自殺で「エンマの庁」にやって来た若い亡者をエンマが叱責し、取り残された母親を「浄玻璃の鏡《じょうはりのかがみ》」に映し出し、やつれた姿と悲しみを福車さんがじっくりと聞かせる場面です。

主催者の過労死弁護団会議から笑工房に依頼があり、組合専従歴三一年の私が書き、郵政労働者として組合運動の経験があった桂福車さんとのコンビで創ることになったものです。

前年の総会で招いた「一人芝居」が、主催者の思いとは裏腹に演じられ、遺族の気持ちを逆なでしたこともあって、主催者は神経をとがらせ、制作前から打ち合わせを重ねました。

作家の立場から言えば、過労死するほど働く労働者を「ボケ」（笑い者）にして、「あれほど働かないように」と、注意し呼びかける落語であれば作りやすいし、笑いも取りやすいと考えたのです。

しかし、遺族を前にそれはできないことでした。それでなくとも「過労死するほどの労働を傍で見ていながら、どうして、それに気がつかない……」と、夫の両親・親族から責任の一端を問われ、身の置き場が無い思いから立ち立ち上がった妻たちです。その人たちを前に、死者を笑い者にした落語では、彼女たちの反感を買っても、激励にはなりません。

幸い、上方落語には故桂米朝《べいちょう》さんが得意とした「地獄八景亡者戯《じごくばっけいもうじゃのたわむれ》」という古典落語があります。我々はそれを参考に、過労死自殺の若者がエンマの庁を訪ねてくる場面から

噺を進め、人情噺として完成させました。その後、この落語は国会議員会館でも演じる名誉を得ることにもなりました。

長年、労働組合運動に身を置いてきた私は、「職場で労働基準法が厳格に守られていれば、過労死は防げる」との信念を持っています。

落語「エンマの怒り」では、過労死の要因である長時間労働を誘発する「黙示の指示」（上司の指示がない自発的な残業であっても、それを上司が知りながら放置していること）について触れました。「黙示の指示」は、使用者に時間外手当支払い義務が生じることを知ってほしい、知っていれば、長時間労働を防ぐ一助になるのでは、との思いからです。

また、労働者が有給休暇を申請すれば、使用者は「業務に支障」を理由に、その時期を変更させることはできない等、過労死を招かないための労基法をエンマに解説させました。幸い、桂福車さんの理解が早く、良い落語に仕上げてくれました。

語り終えた福車さんの周りには遺族が次々と集まり、「この落語を、夫の両親に聞かせたかった」と、涙に濡れた手で福車さんの手を握る姿を見て、「笑工房を立ち上げて良かった」と実感しました。

しかし、この落語「エンマの怒り」は、「労働者の死」を扱った「暗さ」が嫌われ、その後、公演は数回に終わって、今では「塩漬け状態」。惜しいことだと思っています。

失業に警鐘の落語「二一世紀は組合だ」

これに比べて、同じ労働落語でも失業問題に警鐘を乱打した「二一世紀は組合だ」は、労働落語で最大のヒット作となりました。

一九八五年九月、ニューヨークのプラザホテルで開かれたG5（先進五ヵ国大蔵大臣・中央銀行総裁会議）以降の円高と、堰を切った大企業の海外進出を日々の報道で知り、「これは、日本の製造業は産業空洞化するのでは……」との危機感から、私は八七年以降、毎年、学者や組合役員、中小企業団体幹部らを伴って海外経済調査をおこなってきました。

訪問先は、日本企業の進出が急増する東南アジアだけでなく、「社会主義」経済の崩壊が進む東ヨーロッパ、ロシアにも足を運び、その数は二十数ヵ国に上るまでになりました。

こうした体験を踏まえて、桂福車さんとのコンビで仕上げた失業社会の落語が「二一世紀は組合だ」です。

物語は、不況で失業した労働者・上西安雄が職を求めてハローワークを訪ねますが、既に国の財政破綻から職業安定所も民営化され、名称は「グッバイ・ホームレス」に。相談料はコース別に異なり、松コースはパート、派遣等の非正規コースで相談料が五万円。竹コースは正社員コースで相談料が二〇万円、梅コースは重役コースで相談料五〇万円、しかも「今なら、北海道で獲れとれのタラバガニ二杯がセット、今直ぐお電話を」と、受付嬢が強引に勧誘するというもの。

結局、詐欺的な「グッバイ・ホームレス」では就職が決まらず、今度はヤクザが経営する人材派遣会社「ストップ・ザ・行き倒れ」で職をさがすことになります。

最初は、原発の事故現場に派遣される仕事。「少し命は危ないが、なあに、中には生きて帰る労働者もおる。日当は破格の五万円。さあ、希望者は手を挙げて……」と、セリが始まります。募集人員の数十倍の労働者が次々と手を上げ、担当社員は「需要と供給のバランス調整が必用だ」と、日当はどんどん下がり、ついに一〇〇〇円！

次の募集先は、とある工場のスト破り。乱闘は避けられないが日当は今どき高額の五〇〇〇円。失業中の労働者には魅力的な賃金。そこへ、これを阻止せんとする日雇労働組合委員長が現れてスト破りに加担しないように労働者を説得します。

その結果、失業者全員がストライキの応援に立ち上がる。そして、「ヤクザの人材派遣会社」では……。

近未来の日本を予測するような落語に仕上げました。

労組法の落語「政やんのリストラ」

笑工房を代表する労働落語の中でも名作と評価の高い「政やんのリストラ」があります。あらすじは次の通り。

自転車工場に一五年勤務の岡田政夫が、経営悪化を理由にリストラを通告され、やけ酒を飲みに入った居酒屋で、旧知の老弁護士とばったり。

話を聞いた弁護士は政やんに「お前は未組織か？」と尋ねると、彼は「いいえ、朝はパンと牛乳、味噌汁と違います」と。

万事がこんな調子の政やんに、老弁護士が憲法二八条の労働三権と労働組合法、特に第七条の不当労働行為と、「労働組合は法律で守られている」ことを分からせ、「お前も、目を覚まして立ち上がれ」と激励します。

すっかり、その気になった政やんは、翌日の昼食時に社員食堂で「皆、聞いてくれ、聞いてくれ。ええか、お前らは、みんな味噌汁や。ち、違う、み、み、未組織や。何時までも寝てんと、ぼちぼち目を覚まして立ち上がれ」と、トンチンカンの大演説。それでも、政やんの熱意に打たれた労働者は、呼びかけ人の政やんを委員長に組合を結成して初の団体交渉に臨む。

この岡田政夫委員長の団体交渉風景が、桂三風《さんぷう》さんの名演技によって聞く者の胸を打ちます。まるで、聴衆を見えない糸で引き付けるかのようでした。「凄い」と、鳥肌の立つ思いを何回も味わうことになりました。

私自身も、労働漫談「君は組合を知っているか」で、全国各地に足を運びますが、組合役員が労働組合法を知らないことに驚く状況があります。

言うまでもなく、日本は法治国家であり、国民の権利義務はすべて法律によって定められています。組合運動もしかり。従って、組合運動に携わる人は、労働組合法については必ず習得しなければならない必修法だと思います。

しかし、現実はこの勉強が極めて弱い。そこで労組法の初歩を落語に取り入れたのが「政やんのリストラ」でした。最初、この台本を三風さんに持ち込んだ時、それは未完成の稚拙《ちせつ》なものでした。それを彼は名作に仕上げてくれました。

我々が台本を書くに当たって注意するのは、非現実的だと客が引く。一方、やたらギャグを連発すると作品の質が低下する。また、メッセージを詰め込み過ぎると、理屈臭くなって面白くない。この三つ。

従って、私は絶えず「理屈を抑えよ」と作家たちに求めています。

ところが、笑工房には、メッセージを一杯詰め込んだ落語でありながら、最大のヒットを飛ばしている落語があります。

最大のヒット落語「子の心、親知らず」

笑工房の数ある作品の中で、最大のヒット作は、阪野登《さかののぼる》作・笑福亭松枝《しょうし》のコンビで創った子育て落語「子の心、親知らず」です。

ある中学校で起こった万引き・傷害事件・援助交際を通して、保護者に「皆さんの子育ては大丈夫ですか?」と問いかけた落語で、主としてＰＴＡや教育委員会から招かれています。

物語は子育ての三つのケースを取り上げています。

第一は、子どもの言いなりの子育てで、「しつけ」が出来ない親の問題。

第二は、有名高校、有名大学、有名企業への就職が「一流の人生」と考える親の問題。

第三は、夫婦仲が崩壊状態にある家庭環境下の親の問題。

演じる松枝さんは、芸歴五〇年近いベテラン。子育ての悪例を面白く厳しく、そして親の責任が何かを諄々《じゅんじゅん》と説いていきます。

彼は噺のヤマ場で「ここらで、一息入れましょか」と、自分の話を始めます。今は成人した娘が、昔「お父ちゃんは、どうしてテレビに出ないの？」と、母親に尋ねる。その母と子のやり取りを障子越しに聞く話です。

落語家の多くは、駆け出し時代には仕事が少なく日中は家で過ごすことが多い。彼らは共働きで家事を分担しています。そんなことを知らず率直な疑問を投げかける娘に、父親の尊厳を守ろうとする母親の姿を、松枝さんは芸の力でほのぼのと聞かせて保護者の共感を呼んでいます。

落語を喜ぶ校長

松枝さんの落語「子の心、親知らず」を聞いて一番喜ぶのが校長です。日頃、胸中には「あなたの子育てが間違っているから、こんな結果になったのです」と、声を大にして保護者に言いたい。しかし、それを言えないのが校長です。聞き役に徹し「まあ、まあ」とおさめるのがその役目だと心得ています。

この日頃の不満と鬱憤《うっぷん》を松枝さんがズバリ言ってくれたのです。ある学校で公演後、松枝さんとマネージャーの私が校長室へ挨拶に伺いました。校長は松枝さんの手を握り、「師匠は、立派な教育者ですね。実に良いお話でした」と。

人間、自分の味方はすべて立派な人物に見える。勝手なものだとも思った次第です。

笑い無き長セリフで聴衆を魅了

松枝さんの落語は続きます。

事件を起こした三人の家庭を訪問する生活指導の竹内教諭が、最後の訪問先で酔って寝てしまう父親を横に、飲めない酒をコップに注いで口に運び、次第しだいに酔いが回って本音を語り始めます……。

「お父さん、あなたは『親の心子知らず』とおっしゃいましたが、そしたら、お父さんは、あの子の心を分かっていますか？　子どものためと思って今日まで辛抱とおっしゃいましたが、彼女はそんなことお見通しやったと思いますよ。子どもは大人が考える以上に物事を見通す力を持ってます。お二人（夫婦）の仲が冷めていたのをさびしく思い、情緒が不安定になっていったんやないですか？……。

これは家庭だけやない。学校もそうです。教師間の協調がうまくいかないと、途端に生徒は荒れだします。子どもは大人の社会を映す鏡、子ども社会が荒れていることは、すなわち大人社会が荒れている証明やと思いますよ。

今こそ、我々大人が足元を見つめて反省すべき時やと思います……。

近頃の子どもは自然と触れ合わなくなったと、おっしゃいました。日本から自然を無くしたんは間違いなく我々日本の大人やないですか。野山を削り、湖沼を埋め、草木をなぎ倒し、漫画、ゲーム、スマホ、携帯、メール、パソコン、ネット、チャット、みんな我々大人が子どもに与えたモンやないですか……。

売れさえすればええ、儲かりさえすればええ、勝ちさえすればええ、そんなりふり構わん競争、その陰で、我々はいつの間にか相手の立場に立って物事を考える謙虚さ、他人を思いやる優しさ、温かさを後回しにし、それに目をつぶり、いつの間にかこんな世の中に……。

だけど、私は日本の子どもに絶望していませんよ。

我々大人が絶望したら、ホンマに日本の子どもは行き場所を無くしてしまいます。我々大人には、いつの時代も子どもを指導する義務があります。

指導とは……幸せな人生の方向を指示し、導くことやと思います」

そして、落語に登場する生徒・小林行男、高田利信らの例を出しながら、独り酒盛りでグチりはじめます。

「**小林行男**。他人の物を盗るのは良くない。自分がされて困ることを他人にしたらいかん。スポーツにもルールがある。ルールを守れん奴は試合に出る資格はない。この社会にもルールはある。社会のルールを守れんようでは、社会で幸せになる資格はない。

高田利信。人の生き方に『あれは負け』『これは勝ち』『あいつよりこの人間の方が値打ちは上』そう言うことを決めることは傲慢《ごうまん》や。自分を守るためにナイフを持つ、自分の国を守るために核兵器を持つ、それは傲慢なんや。人間は、我々人間が思っているほど、賢くない。人間って、我々が考えるほど強くない。弱いよ。武器を持ったら、いつか必ず使いたくなってしまう。使ってしまう。今日、君が『こんなことするつもりは無かったのに』『何でこんなことに……』、と言うたように、そうなってしまうんや。

小林、高田、入谷（落語に登場する生徒）、今日、君らがしたことは、人のためや無い、自分のためにならん事をしたんや」

そして、すでに酔いが回って寝込んでしまったお父さんを見つめながら……、

「子どもが自分の幸せのためにならんことをしている。それを大人としてはほっておくわけにはいかん。それを教え、叱る。これは大人の義務・責任……。

こんなことを、酒飲んで、独り言、何になる？　虚しいな、教師なんて……、先生なんて……。グウー（酔って寝てしまう）」

少し長くなりました。しかも文字では実演の味が分かり辛いと思いますが、これは松枝さんが保護者に送ったメッセージです。このセリフは台本には無かったもので、すべて松枝さんが補足したものです。この数分間は一片の笑いもありません。そのことはいま読んでもらったように一目瞭然。

私が台本の段階でこれに目を通していれば、「理屈が強すぎて笑えない」とボツにしていたと思います。

ところが、松枝さんは、この長セリフで聴衆を酔わせ、落語の世界に引きずり込む見せ

場を作ったのです。これが芸歴五〇年近い松枝さんの芸でした。

第三章　漫談で斬る！　自民党改憲案＝これが彼らの本音だ

憲法と不戦の誓い

皆さんも日本国憲法を一度は読まれたと思いますが、憲法は前文と一一章・一〇三条で構成されており、前文で日本国民は二つの決意を内外に表明し約束しました。

一つは「政府の行為によって、再び戦争の惨禍が起ることのないようにすることを決意」。もう一つは「平和を愛する諸国民の公正と信義に信頼して、われらの安全と生存を保持しようと決意」し、「国家の名誉にかけ、全力をあげてこの崇高な理想と目的を達成することを誓う」。この二つを国の内外に宣言し約束しました。

これを具体化したのが「①日本国民は、正義と秩序を基調とする国際平和を誠実に希求し、国権の発動たる戦争と、武力による威嚇又は武力の行使は、国際紛争を解決する手段としては、永久にこれを放棄する。②前項の目的を達するため、陸海空軍その他の戦力は、これを保持しない。国の交戦権は、これを認めない」の憲法第九条です。

こうして、「二度と戦争をしない」と誓って約七〇年、日本は一度も戦争をせず、戦争で一人も殺さず、死なせずに過ごしてきました。これは、何人《なんびと》も否定できない事実です。だから国民は、現憲法に誇りを込めて「平和憲法」と呼んでいます。

明治憲法下の戦争

ところで、現憲法の以前の明治憲法下で、日本がおこなってきた戦争を調べてみました。

一八八九年に制定され明治憲法の下で、五年後の九四年に朝鮮王宮を占領し、清国と朝鮮支配をめぐって日清戦争が始まります。

一九〇四年にはロシアとアジアの覇権を争って日露戦争を、一四年には第一次世界大戦に参戦しドイツに宣戦を布告します。

一八年にはロシア革命に乗じてシベリアに出兵し、三一年に関東軍が満鉄を爆破して満州事変を起こします。

三七年に北京近郊の盧溝橋で中国軍を襲って全面的な日中戦争に突入します。

三九年にソ連と外モンゴルでノモンハン事件を起こして大敗します。その責任も教訓もあいまいなまま、四一年に真珠湾を攻撃し太平洋戦争に突入します。

そして一九四五年八月、広島と長崎に原爆が投下され、第二次世界大戦は三〇〇万国民を犠牲にして終わりました。

このように、明治憲法制定の一八八九年から、第二次世界大戦終了までの五六年間に、日本は海外で八回、平均すると七年に一回戦争をしてきたのです。

学校で新憲法をどう教えたか？

こうした、歴史の反省の上に立って制定された憲法について、一九四七年発行の中学校教科書では次のように教えてきました。

「こんどの憲法では、日本の国が、けっして二度と戦争をしないように、二つのことをきめました。その一つは、兵隊も軍艦も飛行機も、およそ戦争をするためのものは、いっさいもたないということです。これからさき日本には、陸軍も海軍も空軍もないのです。これを戦力の放棄といいます。『放棄』とは『すててしまう』ということです。しかしみなさんは、けっして心ぼそく思うことはありません。日本は正しいことを、ほかの国よりさきに行ったのです。世の中に、正しいことぐらい強いものはありません。

もう一つは、よその国と争いごとがおこったとき、けっして戦争によって、相手をまかして、じぶんのいいぶんをとおそうとしないということをきめたのです。おだやかにそうだんをして、きまりをつけようというのです。なぜならば、いくさをしかけることは、けっきょく、じぶんの国をほろぼすようなはめになるからです。また、戦争とまでゆかずとも、国の力で、相手をおどすようなことは、いっさいしないことにきめたのです。これを戦争の放棄というのです。そうしてよその国となかよくして、世界中の国が、よい友だちになってくれるようにすれば、日本の国は、さかえてゆけるのです」（昭和二二年八月二日・文部省『あたらしい憲法のはなし』）。

ちなみに、米国は一九五〇年の朝鮮戦争以降、二〇一三年の六三年間に三〇回以上、平均すると二年に一回戦争や紛争を起こし、事ある毎に日本に協力を求めてきますが、時の内閣は「憲法九条」を理由に自衛隊を戦地へ派遣することは断ってきました。

自民党の憲法改正草案

ところが、自民党が二〇一二年に発表した憲法改正草案では、憲法の前文も九条二項「前項の目的を達するため、陸海空軍その他の戦力はこれを保持しない。国の交戦権は、これを認めない」も無くなって、九条二項に新しく「国防軍を保持する」と明記しています。

さらに、自民党の改憲草案は、やたら国民の義務を増やし、義務、義務、義務で国民を縛る内容になっています。

また、現憲法は前文の冒頭で「日本国民は、正当に選挙された国会における……」で始まりますが、改憲案は「日本国は、長い歴史と……」に換えられています。

つまり、憲法の主人公を「日本国民」から、「日本国」に変更しているのです。意図的に「国民」の「民」＝「人」を無くしています。この憲法は「主権在民」ではありません。これを一言で言うと「人でなし憲法」と言います。

漫談スタート

アベさんを訪ねて

そこで、今、なぜ、こんな憲法改正が必要なのか？　その本音を聞きたくてアベさんに連絡を入れて訪ねました。

「ウソ」と言わんばかりの顔つきですね。

実は私の母方の祖母が山口県出身で、広島のお寺に嫁ぎました。私は知らなかったのですが、アベさんと母方は遠い親戚関係にありまして、あの人が神戸で働いているときに、一寸やっかいな問題を起こしました。詳しくはプライバシーに関わりますからお話しできませんが、義理のある親戚筋から、その交渉役に私が頼まれました。

それ以来、アベさんとお付き合いが始まりまして、あの人は実に義理堅い人で、盆暮れには贈物が届き、訪ねて行けば時間の許す限り、気さくに会ってくれる関係になりました。
「気さくに」と言っても、五年か六年に一度ほどですが、この日は、私が少し遅れて指定されたお店にまいりますと、アベさんはすっかり出来上がっていました。皆さんはご存じないでしょうが、あの人は酔うと人柄がガラっと変わって、何でも本音でベラベラ喋る、面白くて、分かり易い人ですよ。それではお待ちかねの漫談の本題に入りたいと思います。

ア いやー小林さん、お久しぶりです。その節は大変お世話になりました。随分ご活躍のようで、時々、新聞で拝見

しています。さあ、さあ、何はともあれ駆けつけ三杯、グゥーと、そうそう、その調子、そ、それで、今日、来られたのは？　何、我が党の憲法改正草案の狙いを聞きに、大阪から、わざわざ新幹線で、そうですか。分かりました。あの時のお礼に、但し、この話は誰にもしていませんから、内緒、オフレコ、㊙、極秘、シークレット、約束してくれますね。約束ですよ。

一　改憲の狙い

改憲の三目的

ア　よろしいか、目的は三つ。

第一は、昔から「攻撃は最大の防御」と言って、平和のためには、何時でも攻撃が出来る軍事力と、国民を戦争に動員出来る強制的な法律が必要。そのための改正。

第二は、今の憲法は国民に権利ばかり保障して、国民を甘やかし堕落させて日本がダメになった。今後は義務を増やし国民に対する国家統制を強める。
第三は、今の憲法は天皇の扱いがなってない。万世一系二六〇〇年続く我が国体を国民が心底うやまう、昔のような美しい天皇制国家の再現。この三つ。

コ それで、どうして自衛隊の名称を変更して、九条二項に「国防軍」を入れたのです？

ア よ、よろしいか、名称の変更は単に名前を変えることではありません。一九五〇年創設の「警察予備隊」を、五四年に「自衛隊」に名称変更した。これで装備も規模も戦闘能力も、世界屈指の軍隊にできた。しかし、自衛隊には決定的な弱点がある。

コ 何です、その「決定的な弱点」言うのは？

ア せ、専守防衛。これでは平和を守れない。そこで憲法に「国防軍保持」を明記し、世界中に「抑止力」を誇示する。その上で、法律を整備して「攻撃は最大の防御」が実行できる軍隊へ、自衛隊を質的に転換させる、そのためにも、まず名称変更。

コ それに、歴代自民党政府が「憲法違反」と言ってきた「集団的自衛権」を、突然「憲法違反でない」と覆《くつがえ》した、どうしてです？

ア あなたは、日本の平和が、どうして七〇年間も続いてきたか、ご存じ？

コ 憲法九条で、二度と戦争をしないと誓い、それを実行して来たからでしょ。

ア ブー、ブウー、ブウー、大間違い、あなたは、見かけによらず、幼稚ですね。

コ　幼稚と言いますと？

ア　よろしいか、日本の平和は日米安保条約によって米軍に守られてきた。もしも米軍が戦争で負けると日本の平和も危ない。従って、アメリカの敵は日本の敵。たとえ日本が攻撃されなくても、アメリカが戦争をすれば、我々は地球上の何処であろうと、どんな相手国であろうと、出かけて行って、米軍と一緒に戦争をする。そのためには「集団的自衛権」が必要。常識でしょ。

コ　「集団的自衛権」を行使すると、隊員や国民の中から戦死者が出るのと違いますか？

ア　あ、あなたはバ、バカな質問をしますね。

コ　「バカな質問」と言いますと？

ア　集団的自衛権を行使して、ぜ、絶対に…隊員や国民は、死にます。戦争ですよ。当然でしょう。

戦争できない三つの理由

コ　アべさん、ここに、集団的自衛権について高校生が書いた作文を持ってきました。聞いて下さいね。

「東の果てに、人口一億三〇〇〇万人が暮らす島がありました。島は第二次世界大戦で最初に原子爆弾を投下され、たくさんの死者を出した経験から、『もう決して戦争をしない』と誓い、七〇年近く戦争で人を殺さず、殺されることもなく、平和に暮らしていました。

ある日、この島に新しい総理大臣が誕生し、『デフレからの脱却』を口実に、お金を大量に印刷してばらまきました。島民は収入が増えて喜び、総理大臣の人気は高まりました。次に総理は『島の秘密を喋ったり、知ろうとすれば』一〇年間、島の牢屋に閉じ込める秘密保護法を制定しました。島民は『長いものには巻かれろ』と、自由にものを言わなくなり、総理に逆らいませんでした。

次に総理は『親分の軍隊を守ることが島の平和に必要だ』と、島は攻撃されてないのにアメリカの相手国を攻めて、たくさんの人を死なせました。相手国は怒って、島の原子力発電所にミサイルを撃ち込みました。島は放射能で汚れ、島民は皆死んでしまいましたが、原発商人と商人たちが儲かるように手助けをしてきた総理一家は、早くから海外に移住して助かりました。

ところで、この島には何千年も咲き続けてきた桜の大木があり、根元の石碑には『再び戦争の惨禍が起こることのないようにすることを決意し』と、刻まれていました。しかし、その石碑も放射能でボロボロになって、今では読み取ることもできず、生き残った傷だらけの桜は『まだ、なん千年も、何万年も生きたかったのに、誰がこんな島に……』と言って朽《く》ち、島に桜は二度と咲きませんでした」。

　アベさん、集団的自衛権の行使は、こんな結果になるのと違いますか？

ア　そんな、日本むかし話みたいな幼稚な話、何処の高校生です？　親の顔が見たい。

コ　アベさんは「アメリカと一緒に戦争をする」と言いますが、

①日本は細長い島国、ここで戦争が始まると、アメリカや中国と違って国民が逃げ込む内陸部がない。同じような地形の沖縄はあの戦争で本島住民の半数約二〇万人が戦死した。日本のような島国で戦争は無理。

②それに、海岸沿いに原発が五四基あって、ミサイルを撃ち込まれると人間はおろか、一切の生物が住めない汚染列島になる。

③その上、日本は少子高齢化社会で、軍隊に徴用する若い人が激減しており、今後も人口減が続き、兵力不足で戦争はとても無理。まして、集団的自衛権で戦死者が出ると軍隊に入る若者はいなくなる。日本は平和でしか生きていけない国ですよ。

新徴兵制を実施

ア　し、心配ご無用、「兵力不足」については、新幹線のトイレで思いついた名案がある。
コ　何です、その「名案」言うのは？
ア　選挙に勝って、憲法を改正して徴兵制を実施する。
コ　やはり徴兵制ですか。新しく選挙権ができた一八歳以上、それとも二〇歳から？
ア　違う。
コ　「違う」言いますと？
ア　六五歳以上を行かせる。
コ　六五歳以上！　そんな年寄り行かせたら、動きが緩慢で、すぐ撃たれるよ。そんなこと、国民が許すはずないでしょ。
ア　大丈夫、わが国には自己犠牲を美徳とする伝統的文化がある。「戦後の復興に、若者は必要」と訴え、反対する者には「若者を殺す気か」と脅せは、国民はいちころ。
コ　まるで現代版「姥捨《うばす》て山」やないか！
ア　これで念願の年金財政が安泰する。一石二鳥、万歳！

コ　それでは、六五歳以上の国民はいなくなるよ！

ア　とことん減ったら、その時は絶滅危惧種に指定して、保護する。

コ　年寄りをウナギと一緒にするな！

ア　余った年金予算を軍事費に回す。どうです、名案でしょう。ガハハハ。

コ　しかし、夫は死んでも、妻が遺族年金や国民年金を受給するでしょ？

ア　あなたは古いねぇ、本当に古い。よろしいか、今は男女雇用機会均等法の時代、女も戦争に送って女性が戦場で輝く社会にする。

コ　アベさんが言う「女性が輝く社会」とは、「女性が戦場で輝く社会」ですか？

ア　そう、これが、真の男女平等社会。
コ　行かせるのは、やはり、男まさりの、逞しい女性から？
ア　違う、私の嫌いなタイプから順番。
コ　嫌いなタイプ言いますと？
ア　よくいるでしょ、電車でも並ばず強引に割り込む行儀の悪い女、新幹線や飛行機でも大声で喋るお喋り女、それに歩きながらスマホして屁《へ》をこく下品な女。
コ　それで戦場に送られたら、大阪からおばちゃんは一人もいなくなるよ。
ア　断言します。大阪に女性は似合いません、女性は京都が似合います。
コ　大阪のおばちゃんは陽気で優しい人ばっかりや。おばちゃんがいなくなったら大阪は真っ暗や、そんな無茶、出来るはず、ないでしょ。
ア　出来る。憲法改正すればどんな法律でも作れる。それが憲法改正の美味しいところだ！　ガハハハ。

二　そもそも憲法とは？

すべて法律は憲法に基づき

そうです。すべての法律は憲法に基づいて作られています。従って憲法を変えれば、どんな法律も可能です。

例えば、明治憲法は第一条で「大日本帝国は、万世一系の天皇これを統治する」とし、第三条で「天皇は神聖にして侵すべからず」と定め、これを根拠に、戦前の天皇制政府は「治安維持法」を制定し、天皇制国家に反対し平和と民主主義を求めてたたかったたくさんの人々を逮捕・投獄・拷問・虐殺し、邪魔者を排除して戦争へ突き進みました。

憲法は国民生活に重大な影響

このように、憲法は国民生活に重大な影響を与えます。そこで、現憲法は九六条で、改正については衆参両院で議員総数の三分の二以上の発議と、国民投票で過半数の賛成が必要と、ハードルを高くしています。これに対し自民党の改正案は、国会議員の発議を二分の一に引き下げています。改正条件を緩和して、改正をしやすくし、くり返しくり返し改憲する魂胆です。

そもそも憲法は「立憲主義」

そもそも憲法は、国が勝手に税金を上げたり、国民の財産を没収したり、政府に逆らうからと逮捕するなど、国民に対する国家の横暴を禁止し、国民の権利を守る防波堤たるべき基本法です。

これを立憲主義憲法と言い、近代国家の憲法はすべて立憲主義です。

我が国の憲法も、第三章で「国民の権利及び義務」を第一〇条から四〇条まで全部で三一条項を定めていますが、そのほとんどが国民に権利を保障したものです。国民の義務は、二六条の子どもに義務教育を受けさせる保護者の義務、二七条の勤労の義務、三〇条の納税の義務の三つだけです。

その他の条項は、すべて国民の権利を明記、擁護しており、国民には「憲法を守る」ことすら義務とはしていません。

自民改正案は「だましのテクニック」

一方、自民党の憲法改正案には、
「国と郷土を守る義務」
「領土資源確保の義務」
「公益及び公の秩序服従の義務」
「緊急事態指示服従の義務」等々、
やたら国民の義務を増やし、国家への忠誠を求める一方、
新しく「家族助け合いの義務」
「個人情報不正取得禁止の義務」

「環境を守る義務」等を追加しています。

しかし、これらは「弱いものをいじめてはいけない」「他人の物を盗んではいけない」と同様、家庭・学校・社会で教えるべき常識で、法律で定めれば済むことです。おおさか維新の党の「憲法で教育費を無料に」も、法律で決められることです。

こうした国民の誰もが反対しない問題で憲法改正を迫る狙いは、国民に「この改正は良いことだ」「賛成だ」と、思い込ませるための、「騙しのテクニック」です。

何時の時代も、権力者は国民を騙して国を統治してきたのです。だから立憲主義憲法が大切なのです。

憲法を守る義務は誰に？

それでは憲法を守る義務は誰にあるのか？

それについては、現行憲法九九条で「天皇・摂政・国務大臣・国会議員・裁判官・その他の公務員」と定めており、国民には憲法を守ることを「義務」とはしていません。

つまり憲法は、権力を行使する側の者に「国民の権利を守る」ことを義務として命じているのです。

これに対して、自民党改正案は国民の義務をやたら増やして、義務、義務、義務で国民を縛る一方、天皇を一条で元首に格上げし、改正草案一〇一条で憲法を守る義務から天皇を除外しています。この狙いは、権力を握った者が天皇を政治的に利用することです。

「憲法クーデター」に、国民の怒り

その上、二〇一二年の改正草案発表後、安倍内閣は一四年七月に「集団的自衛権の行使容認」を閣議決定し、翌一五年九月に憲法改正の手続きを踏まず「戦争法」と言われる「安保法制」を強行採決し、アメリカに「今後は一緒に戦争します」と約束手形を発行しました。

これは憲法に対するクーデターです。憲法学者、歴史学者、元最高裁判事、全国の弁護士会や法律家等、法律関係者を始め各界各階層が「憲法違反だ」と、激しい反対の声を上げたのは当然です。

それでは、話を元に戻して、漫談を再開します。

ア　そ、それにしても、あ、貴方は、いつもタダ酒だと、惚れぼれするほど、飲みっぷりが良いですね。冗談、冗談。しかし、冗談言われて、すぐ顔に出るようでは、「図星」だと見抜かれますよ。それに、よく食べますね、一週間ほど何も食べてないのでは？何です「今日はお昼も食べてきた」、すると、二〜三日分、食い溜めですか？

三　個人の尊厳が危ない

「公共の福祉」をなぜ削除か？

コ　アベさん、自民党の改正草案には、現憲法一二条、一三条、二二条、二九条に明記されている「公共の福祉のために」や「公共の福祉を侵さない限り」など、「公共の福祉」という言葉が全部無くなっていますが、何で？

ア　そんな些細なことをほじくり出して、貴方は、嫌な性格やね、家族に嫌われているでしょ。

コ　「些細なこと」なら、どうしてわざわざ「公共の福祉」を削ったのです。

ア　あ、貴方は「公共の福祉」という言葉の意味を、ご存じ？

コ　「みんなの幸せ」でしょ。

ア　ピンポーン、そう「みんなの幸せ」。

コ　「国民は誰でも幸せになる権利がある」、これが現憲法を貫いている精神でしょ、なぜ削除したのです。

ア　よ、よろしいか。こんな少女趣味的・情緒的な文言が憲法にあると、国民は「誰でも幸せになる権利がある」と錯覚して有害、実に有害。だから「公共の福祉」を全部「公益」、つまり国益に変えた。

コ　すると「皆の幸せ」より国益の方が大切ですか？

ア　当然でしょ。国栄えて民潤う。国民の幸せは「国益」のずぅーと、ズゥーと後。

公益と公の秩序と

コ　それに、改正案は「公の秩序を守り」など、「公の秩序」をやたら導入していますが、何で？

ア　よろしいか、今の憲法には国民を「公の秩序」に従わせる条項がない。そのためにマイナンバーでも政府に従わず無視する非国民が多い。

コ　マイナンバーを無視したら非国民ですか？

ア　当然、非国民です。改憲後は「公の秩序法」を制定して、政府に楯突く非国民を片っ端から逮捕・投獄・無期懲役です。

コ　マイナンバーだけで無期懲役ですか？

ア　反政府の輩《やから》が娑婆にいると、何かとやりにくい。これを機に、「回れ右」「右むけ右」「右へ進め」と号令すれば、国民は黙って従う「公の秩序」優先国家に造りかえる。

コ　アベさんの号令は、どうして「右」ばかりですか？

ア　我がアベ家は、お祖父さんの代から「左」が嫌い。

コ　その「公の秩序」というのは、誰が決めるのです？

ア　バカな質問をしますねぇ。季節や天候で「公の秩序」が決まる筈ないでしょ。当然、政府が決めます。

コ　結局、政府の思い通り、国民を整列させるのが「公の秩序法」ですか？

ア　ピンポーン。あ、あなたも、少しは物分かりが良くなりましたねぇ。

コ　アベさんは、ピンポーンお好きですね。

ア　学生時代は卓球部。

「個人として尊重」が、なぜ「人」に？

コ　それと、現憲法一三条の「すべて国民は、個人として尊重される」の「個人」が、「人として尊重」に変っているけど、何で？

ア　たった一字削っただけを見つけて、あなたは本当に嫌な性格やね。町内でも嫌われているでしょ。

コ　誰からも嫌われてない。

ア　あなたは「個人として尊重」の意味が分かりますか？

コ　国民一人ひとりが生まれた時からに備わっている、「個性や人権を大切にする」と言う、天賦人権説のことでしょ。

ア　そんなことをいちいち尊重していたら、いざ戦争という時、国民を統制できません。だからと言って、「個人としての尊重」を全部削ると国民が騒ぐ。

コ　当然でしょう。

ア　だから、蛇やカエルやオタマジャクシと区別し「人として尊重する」と明記した。
コ　何！　ヘビやオタマジャクシと区別して「人」としての尊重ですか？
ア　そう。ほ乳類の中では国民を最も「尊重」する。

「基本的人権の本質」なぜ削除？

コ　次に九七条で定めている「基本的人権の本質」が、全文削除されていますが、何で？
ア　九七条……、ええと、九七条ねぇ、九七条は……、何でしたかね？
コ　「この憲法が日本国民に保障する基本的人権は、人類の多年にわたる自由獲得の努力の成果であって、これらの権利は、過去幾多の試練に堪え、現在及び将来の国民に対し、侵すことのできない永久の権利として信託されたものである」。これが九七条。
ア　も、もう一度言ってくれますか（九七条復唱）。
　思い出した、やっと思い出した。よろしいか。私はこの「基本的人権」が嫌い、大嫌い。一番嫌いな小沢一郎よりもっと嫌い。削除は当然。
コ　しかし、国民一人ひとりの基本的人権が大切にされてこそ、住み良い社会が築けるのと違うのですか？

ア　古《ふ》るぅー、あなたは本当に古いね。ひょっとして、生まれは元禄時代？

コ　違う、昭和や昭和、見たらわかるやろ。

国民には権利より義務

ア　国民には基本的人権より義務の方が大切。あなたは、現憲法が定めている国民の義務、ご存じですか？

コ　二六条の子どもに義務教育を受けさせる保護者の義務、二七条の勤労の義務、三〇条の納税の義務、この三つでしょ。

ア　ピンポーン、そう現憲法が定めている国民の義務はわずか三つ、これで国民を甘やかし、堕落させ、日本をダメにした。これからは義務を強化して、国家統制が徹底した日本を取り戻す。その案がこれ。

コ　これですか？

①国と郷土を守る義務
②日の丸・君が代尊重の義務
③領土・領海・領空、資源確保の義務

④公益及び公の秩序服従の義務
⑤個人情報不正取得等の禁止義務
⑥家族助け合いの義務
⑦環境保全の義務
⑧地方自治体負担分担の義務
⑨緊急事態指示服従の義務
⑩憲法尊重の義務

ウワー義務が無茶苦茶ふえてる。

「日の丸・君が代」も全国民の義務ですか?

ア 当然。今後、日曜日は家庭、月曜日は職場と学校で「日の丸・君が代」を全国民の義務とする。不起立や口パクだけの非国民はすべて逮捕投獄。どうです。美しい日本の姿が目に浮かぶでしょう。ガハハハハ。

コ それは、憲法一九条に定めた「思想及び良心の自由は侵してはならない」に違反や。

ア 確かに、今の憲法には違反する。だから、選挙に勝って憲法を変えるのです。

我々は財界と一緒に。

団結! 頑張ろう! 頑張ろう! 頑張ろう!

コ　自民党はいつから、組合になったんや。

ア　話の途中ですが、今日は山椒チリメンか、京都の漬物か、生八つ橋か、何か手土産は無いのですか？　なんです、「手ぶらできた」。そうですか。その割には遠慮せずに、良く飲み食いしますね。じょ、冗談、冗談。実は家内があなたのことをを「厚かましい人だ」と嫌っていましてね。土産もないと、「私の言った通りでしょ」と、機嫌が悪くなり、私に当たり散らす。私もつらい。やはり、何もない？　内ポケットは？　ない。ズボンのポケット……、何にもない、そうですか。

四　改憲で変わる日本社会

戦費調達へ消費税アップ

コ　アベさんは「アメリカと一緒に戦争する」と言いますが、我が国の税収入は年約五〇兆円程度、支出は約一〇〇兆、借金は一〇〇〇兆円を超え、国家財政はギリシャ以上の破産状態。まして、政府は非正規雇用など低賃金労働者を増やして国民所得を減らし、国民の納税力を低下させてきた。その結果、国の赤字は増える一方、とても戦争に遣うお金はありません。

ア し、心配ご無用。私が飛行機のトイレでうんちくを傾けた名案がある。

コ あんたの名案は、いつもトイレか。どんな案です?

ア 消費税を上げる。

コ やっぱり消費税を。しかし、一気に二〇パーセントはないでしょうね。

ア ピンポーン、さすが小林さん、あなたは鋭い。でも、二〇パーセントと違う。三〇〇パーセント。

コ ええ! 三〇〇パーセント、そしたら、アンパン一個が、ええと……。

ア 一〇〇〇円、缶ビールも一本一〇〇〇円、牛乳も一本一〇〇〇円。

コ ハイパーインフレ政策ですね。

ア 国債乱発で膨れ上がった国の借金を、踏み倒すにはこれ以外にない。

コ 当然、年金も三〇〇パーセントアップですね。

ア 違う、年金は現状維持。

コ そんな無茶な。それでは六五歳以上が生きて行けず、老人はいなくなって、兵隊が足りませんよ。

ア　その時は、徴兵制の年齢をドンドン引き下げる。

コ　国民が怒って、全国でデモや暴動が起こるよ。

ナチスを真似て「緊急事態指示服従の義務」

ア　だから、麻生さんの助言に従って「ナチスの憲法」を見習い、改正案に「緊急事態指示服従の義務」を入れた。

コ　何ですか？　その「緊急事態指示服従の義務」というのは？

ア　総理大臣が「今は緊急事態」と宣言すれば、警察・軍隊・裁判所

等の権限をすべて内閣に集中し、危険人物と思われる国民を、片っ端から逮捕・投獄。これで思い通りの政治が出来る。日本の未来は安心だ。ガハハハ。

コ　何が安心や。そんなことしたら、国民の大半が逮捕投獄されて、刑務所が足らんぞ！

ア　あ、あなたは、相変わらず声が大きいね。昔から「貧乏人の大声」と言って、それでは、死ぬまで金持ちにはなれませんよ。

コ　ほっといてくれ。貧乏で結構や。刑務所をどうするつもりや？

ア　し、心配ご無用。靖国神社のトイレで思いついた名案がある。

コ　トイレでしか、思いつかんのか。どうせ、臭い案やろ。

刑務所を経済特区に

ア　全国の刑務所を民営化して、運営をワタムに任せる。

コ　何ー!!　刑務所の運営をブラック企業のワタムに！

ア　但し、会社名がワタムでは世間体が悪い。そこで、社名を株式会社「囚人社」にして、ポストの数ほど刑務所を造る。

コ　身近に刑務所を造って、恐怖心を煽るつもりやな。

ア　刑務所を「経済特区」にして、賃金は一時間二〇〇円以下、労働時間は一日一六時間以上。残業代はゼロ、休日は天皇誕生日だけ。それに囚人から家賃を月五万円徴収する。

コ　囚人から家賃取る国、世界中どこにもない。

ア　トイレ付、一室一〇人で、一人月五万は安い。あなたも家族に追い出されたら世話するよ。

コ　していらん！

ア　我々は、約束する。これを基準に同一労働同一賃金法を実施する。

コ　そんな約束、まっぴらごめんや。

ア　囚人が増えれば、増えるほど、低賃金労働者が増えて、国際競争力で中国や東南アジアに勝てる。囚人激増で日本経済は盤石。

これが私の一億国民総活躍社会、新アベノミクス、どうです名案でしょう、ガハハハ。

天皇をなぜ九九条から除外？

ア　ところで、あなたには不釣り合いな、美人の、あの奥さんと、まだ、離婚もせずに、ご一緒ですか？　「どうして」って？　金儲けが下手で、何の取り柄もない、傍若無人のあなたに、愛想も尽かさずに、ふ、不思議な人もいるものですね。夫婦ゲンカが絶えないでしょう……。

コ いらん心配や。それより自民党の改正草案には、前文で「日本国は天皇をいただく国家」と規定し、第一条で天皇を日本国の「元首」に格上げし、九九条の憲法を守る義務から天皇だけ除外しているけど、何でや？

ア そんなことまで見つけましたか？ あなたは心に深い闇のある猜疑心《さいぎしん》の強い、危険な性格やね。警察にマークされているでしょ。

コ マークされてない。何で天皇だけが憲法を守らなくて良いのや？

ア あなたは近代史の勉強が不足。よろしいか、薩摩や長州は天皇を味方にして徳川幕府を倒し明治維新に成功した。昭和の時代、軍は天皇を「現人神」と祭り上げ、「天皇陛下のために」と国民を戦争に駆り立てた。戦後、アメリカは天皇の戦争責任を不問にし占領統治に協力させて、日本の占領支配に成功した。近代史を勉強すれば、天皇を味方にした者がこの国を支配できるのです。

コ なるほど、そう言われると、そうですね。

ア 我々が永久に政権を維持するには、天皇陛下を憲法や法律に拘束されない自由な立場にし、そのお力を利用する。そのための元首。そのための九九条からの除外。どうです、名案でしょう。

コ　それは天皇制の悪用や！

ア　悪用や？　あなたは近代史ばかりか、国語も勉強不足。よろしいか、これは「悪用」と違う「活用」。

国民の幸せと権力者の本音

コ　君たちは、国民の幸せを真剣に考えているのか？

ア　「真剣に考えているのか？」とは、し、失礼な。我々は、し、真剣に考えて……いません。

コ　「いませんー」、それでは、国民が不幸やろ。

ア　よろしいか。秦の始皇帝や暴君ネロの昔から、権力者が考えるのは、他国に攻め込んで領土を拡大し、国を大きくした英雄として歴史に名を残す。それが権力者の本音・本心・夢・願望。何かご不満ですか？

コ　ああ、不満や。大いに不満や。君らの憲法改正案は、悪魔の人でなし憲法や！

ア　何ー、悪魔の人でなし憲法やと！　手土産ひとつ持たずに来て、タダ酒をガブガブ飲んで、その一言は許さん。
コ　我々の方こそ、こんな悪魔の憲法、絶対に許さん！
ア　絶対に許さんやと、お前はアカか？
コ　客にアカとは失礼な。お前はアホノミクスや！
ア　アホノミクスやと！　無礼な！　帰れ！　二度と来るな！
コ　おお、言われんでも帰る。お前とは絶交や！
ア　おーい、塩。塩をまけ！　塩を、二度とこの男が来ないように！　店中の塩を全部まけ！

シンゾウとカンゾウ

こんな訳でケンカ別れです。お聞きのように、自民党の憲法改正案は国民の幸せとはアベコベ・毒入り安倍川餅。決して口にしないで下さいよ。そして、皆さん、アベさんの本音・本心・夢・願望をしっかり見抜いて、次の選挙を頑張りましょう。

どうも、ありがとうございました……。

アッ、大事なことを忘れてた。皆さん、ここに登場するアベさんは、皆さんが良くご存じの安倍晋三さんとは違いますよ。この人は、東京で風俗店「ピンクの館」を経営している自民党東京北支部役員のアベ・カンゾウさんです。

皆さん、確かに心臓と肝臓は近い。しかし、心臓と肝臓は別々ですよ。間違えないで下さいね。

だけど、カンゾウさんが断言しました。「総理のシンゾウも、カンゾウの俺も、考えていることはまったく一緒だ」と。皆さん、シンゾウもカンゾウも一身同体、油断大敵でございます。

小林康二（こばやし・やすじ）
1939年、大阪生まれ。労働組合の専従職員を31年勤め、54歳で退職し、お笑い集団「笑工房〈しょうこうぼう〉」を設立（1998年）。当初から代表を務める。落語作家。
代表作に「これがアベさんの本音だ」（自民党改憲草案批判）、「エンマの怒り」（労基法順守の大切さ）、「21世紀は組合だ」（労働組合の魅力）、「政やんのリストラ」（団結の大切さ）、「消費税で暮らしアタフタ」（税の問題）などがある。
著書には『新版 活かそう労働組合法』（連合通信社、2010年）、『地球のすみずみに元気の出る笑いを』（笑工房、2005年）、『労働組合と中小企業』（労働旬報社、1994年）他がある。

笑工房のホームページ　http://www.show-kobo.co

漫談《まんだん》で斬《き》る！　自民党改憲案《じみんとうかいけんあん》＝これが彼《かれ》らの本音《ほんね》だ

2016年4月20日　初　版

著　者　小 林 康 二
発行者　田 所　 稔

郵便番号　151-0051　東京都渋谷区千駄ヶ谷4-25-6
発 行 所　株式会社　新 日 本 出 版 社
電話　03（3423）8402（営業）
03（3423）9323（編集）
info@shinnihon-net.co.jp
www.shinnihon-net.co.jp
振替番号　00130-0-13681
印刷・製本　光陽メディア

落丁・乱丁がありましたらおとりかえいたします。

ISBN978-4-406-06008-0　C0031　Printed in Japan